教理問答と信仰告白

A Catechism and Confession of Faith

Robert Barclay
ロバート・バークレー──著

Nakano Yasuharu
中野泰治──────訳

凡例

・『教理問答と信仰告白』の底本は、ロバート・バークレー（Robert Barclay, 1648-90 年）の全集である *Truth Triumphant Through the Spiritual Warfare, Christian Labours and Writings of that Able and Faithful Servant of Jesus Christ*（1692 年）に掲載されている *A Catechism and Confession of Faith, Approved of and Agreed unto by the General Assembly of the Patriarchs, Prophets, and Apostles, Christ Himself Chief Speaker in and among Them, Which Containeth a True and Faithful Account of the Principles and Doctrines, which are Most Surely Believed by the Churches of Christ in Great Brittain and Ireland, who are Reproachfully Called by the Name of Quakers; Yet are Found in the One Faith with the Primitive Church and Saints, as is Most Clearly Demonstrated by Some Plain Scripture Testimonies (without Consequences or Commentaries) which are Here Collected and Inserted by Way of Answer to a Few Weighty, Yet Easie and Familiar Questions, Fitted as Well for the Wisest and Largest, as for the Weakest and Lowest Capacities. To Which is Added, an Expostulation with, and Appeal to All Other Professors. By R. B. a Servant of the Church of Christ.*（1673 年）である。

・本書は聖書からの多くの引用で構成されている。聖書の引用については、既に 2018 年に聖書協会共同訳が出ているが、2024 年の時点で各大学や教会でも普及していない状況も鑑みて、また、欽定訳聖書（KJV）の代替としても問題ないと判断して、新共同訳聖書を用いた。欽定訳聖書の内容と差がある場合は、訳注として［］の中に原文を記した（『信仰告白』は除く）。

・バークレーは、欽定訳聖書の文章を変化させることによって、それぞれの文章を巧みにつなぎ合わせ、『信仰告白』を作り出している。日本語訳の際には、聖書からの引用部分は新共同訳聖書に拠っているが、バークレーの方法にならって、なるべく聖書箇所の表現をそのまま活かしながら、文章を変化させたため、流れが多少悪くなっているところもある。その点はご容赦いただきたい。

・『教理問答』も、欽定訳聖書を基本的にそのまま引用することで構成されている。バークレーによる省略・加筆も少しあるが、整合性を取るのが難しいところは、新共同訳聖書をそのまま引用する形にした。

・原文では、（）がしばしば使用されているが、その通りの書き方に従った。加えて、英語名や聖書箇所などを記す時も（）を使用した。［］は、本文を理解する上で必要だと感じた箇所で追加情報を付け加える際に使用した。なるべく原文の構文に忠実に訳すことを基本方針としたが、忠実に訳すと理解できなくなるだろう箇所については、意訳したり、〔〕を用いて文章をいくつかに分けて訳した。

・現代的視点から見れば、差別的と思われる表現、不適切で行き過ぎと思われる表現が少なからずあるが、原文のままにした。

序文：読者へ

　使徒の時代でさえそうであったが、元来の輝きと完全さにおいてのべ伝えられてきた素朴で純粋な福音から離れ始めた人々の魂と心において、背教は始まった。(安定しない心の虚しく空虚な幻想に屈するところから)、数多くの代替物や伝統が作られ、多くの考えや意見が生み出されてきた。新たな考えを付け加え、それを真理と同等のものとみなし、そして、真理よりもそれらの考えを奉ることによって、ついにはそのような新しい考えがキリスト教信仰に取って代わることになった。そして、まもなく、ついに真理は部屋から追いだされてしまい、それらの新しいものが福音の代わりとなった。それらのものは、外観と名称においては真理を思わせるものであったが、それ自体本質を欠いていた。しかしながら、ほとんどのどの時代、どの世代においても、[神は、迷信や背教に対抗して] 真理についての証し人を立ち上げるのを良しとされた。彼らが見いだしたところによれば、どの時代の人々、どの世代の人々も、その時代の迷信や背教に対して、多かれ少なかれ、反証してきたようであるが、特別な形で到来した光が今から約百五十年前のドイツを照らし、その後は、他の多くの人々に広まり、野獣たち [カトリック] に致命傷を与えることになった。そして、多くの人々 [宗教改革者] が、迷信的な伝統や儀式に反対して、ローマ教会を批判し、ローマ教会から離れていったのである。

　しかし、ああ、何たることだろう。[今となってこれらの] プロテスタントの継承者たちは、善なる名誉ある仕事を行い続ける代わりに、彼らの先達たちが打ち倒してきたものを、再び立ち上げ、作り上げようとしている。本当に残念なことである。

　すべてのプロテスタントは (他の多くの点で、悲惨なほどに仲たがいしており、争い合っているが)、概して、特に次の二つの点において、ローマ教会からの分離に関しては一致している。

　第一に、キリスト教信仰のすべての原理や教理は、聖書に基づいているし、また、そうであるべきである。聖書に反する原理や教理は、拒否されるべきであり、反キリスト者として拒否されるべきである。

　第二に、聖書それ自身は、明白な言葉で書かれており、容易に理解されるものである。したがって、個人として、教会のメンバーとして、キリスト者は聖書を読み、聖書を学ばねばならない。それは、彼らの信仰と信念が聖書に基づかねばならず、その理由においてのみ、聖書を受け入れるべきだからである。教会や集会から強く示されたからとか、勧められたからというのではない。というのは、たとえ最善で純粋な教会の宣言でも誤りうるからである。

　ところが、プロテスタントは、その良く知られ認知されている教理 [聖書に基づく信仰] にもかかわらず、カトリックが彼らの先達たちに行なってきたのと同様の容赦のなさで、聖書に明白に書かれたことを信じているというだけの理由で、または、聖書からは証明できず、伝統というものに立ち戻

ることでしか分からないような、いくつかの原理を信じないという理由で、熱心に他の人々を告発し、迫害している。この混乱した状態について詳細に検討することは、この序文の範囲を超えてしまうことから、私はその主題について一つの章を設けることにした。

　（ああ、私はこれを残念なことだと言おう）、私はこれらのプロテスタントの指導者たちが、昔の律法学者やファリサイ人のように振る舞っていることに気づくのである。律法学者やファリサイ人は、モーセや預言者たちを賛美し、アブラハムの子孫であることを自慢していたが、しかし、これらの人々は、モーセや他の預言者たちがまさに証してきたキリストに対して大いに反対し、貶した人々であった。それどころか、キリストを告発し、異議を述べ立てることは、律法を破る行為であり、冒涜的行為であったにもかかわらずにである。

　これは、ある種の平行関係をなしていないだろうか。つまり、聖書を賛美している人々によって、ひどく迫害され、罵られ、異端として告発されている人々が今現在、存在しないだろうか。この迫害されているグループ［クエーカー］の教えは、一言ひとことが聖書の中に見いだされるものである。しかし、これらの人々に対して投げつけられた誹謗の内容は、彼らが聖書を馬鹿にし、拒否しており、聖書の代わりに彼ら自身の考えを作りだしている、というものである。

　こうした批判への反証として、この『教理問答と信仰告白』は、真面目で公平な読者である汝らのために編集され、提示されている。もし、汝が聖書を真に愛し、曲解されて無理のある〔人間の作りだした〕主張ではなく、聖書に基づく明白な教えを得たいと欲するのであれば、すぐにクエーカーと呼ばれる人々の真正な教えを、そこに見いだすだろう。彼らの教えは、特に論敵たちがクエーカーについて主張することに関して、余計な言葉や解説を用いずに、聖書の言葉をもってはっきりと表現されており、論争については聖書が明白に解決するだろう。結局のところ神について知らない言葉の知識である屁理屈や学問的に細かいこと（この世的な知恵）や、知識を増やすことなく字数のみを増やし、何を言っているか分からなくさせるような言葉は、ここにはない。

　問いに対して答えるという形式で書かれているが、私の知る限りでは、聖書のその通りの表現に余計な一文字も付加していない。もし問いのいくつかで、聖書の言葉の明白でそのままの意味に関して、私のコメントが付け加えられているとしても、それは意味を明らかにするためであって、私の判断を読者に押しつけるためではない。いくつかのケースでは、次の質問にうまくつなげるために、言葉を付加している。私はこの本を、利己心（それは公正さの敵である）によってゆがめられておらず、良心の内にあるキリストの光に喜んで従うであろう読者が、問いに対して聖書が適切にうまく回答を与えているかどうか判断するように、彼らの健全な分別に委ねたい。

　私は、正当な理由に基づいて、今まで発表されてきた多くの信仰告白や教理問答の慣例的な形式から外れた形で書いている。それは意図的に、私は別の方法を取っている。たいていの場合、信仰告白

3

は、教理問答の前に置かれるものである。私は、別様であるべきと考えるのである。私の考えでは、子供たちやあまり知識のない人たちのための簡単な文章は、最初の方に置かれるべきである。より簡単ですぐに理解される事柄から始めて、そこからより難しく、複雑な事柄に進む方が正しいだろう。またさらに、さまざまな異議が教理問答の中で数々に示されており、問答の形で様々な意見に対して回答が与えられている。[信仰告白を]最初から読む読者は、明白な言葉で構成されているこの告白を完全に理解できることだろう。

　私が[クエーカーから聞いた]この信仰を受け入れ、信じるようになった後すぐに、この仕事［『教理問答と信仰告白』を書く］の可能性と有用性を私は心に描いたのであるが、現在、私は聖書についてよく知るようになったので、今こそがこの仕事を完成させる時、それを完成させる助けを得られる時であると感じた次第である。

　思い出せないために省略された数々の引用をさらに付加すれば、この仕事はより詳細なものとされるだろうが、しかし、私は、神が良き記憶者である聖霊を通して助けてくださったことから、この仕事に満足している。聖霊の働きによって明らかにされたこの仕事が、真面目で良心的な人々がこの本を読むことで、真理を見いだし、真理につながれるようになることを望む。そして、[この本が]すでに信仰しているものを支え、彼らの信仰を強めるようになることを望む。このことを、私は真摯に望み、祈る。

私の母国スコットランドの私の居住地、ユリィより

1673年の第6の月の第11日

ロバート・バークレー

キリストの教会の僕

第一章　神について。真実で救いをもたらす神に関する知識とは

問）すべてのキリスト者は、最高の幸福は永遠の生命を知り、享受するようになることに存することに同意するだろう。その点に関するキリストの理解と判断はどうか。

答）「永遠の命とは、唯一のまことの神であられるあなたと、あなたのお遣わしになったイエス・キリストを知ることです。」（ヨハ 17:3）［訳注："And this is life eternal, that they might know thee the only true God, and Jesus Christ, whom thou hast sent." (Jn. 17:3 KJV)］

問）どのようにして神はこの知識を明らかにしてくださるのか。

答）「「闇から光が輝き出よ」と命じられた神は、わたしたちの心の内に輝いて、イエス・キリストの御顔に輝く神の栄光を悟る光を与えてくださいました。」（2 コリ 4:6）

問）多くの神がいるのか。

答）「神は唯一」（エペ 4:6）：私たちは、知っています。この世には偶像は存在しないことを。
「唯一の神以外にいかなる神もいない」（1 コリ 8:4）
「唯一の神、父である神がおられ、万物はこの神から出、わたしたちはこの神へ帰って行くのです。また、唯一の主、イエス・キリストがおられ、万物はこの主によって存在し、わたしたちもこの主によって存在しているのです。」（1 コリ 8:6）

問）神とは何であるのか。

答）「神は霊である。」（ヨハ 4:24）

問）神の性質の内、祝福されて、栄光があり、神性なもので、聖書のなかで神に帰されているものは何か。使徒たちが福音のもとで現在神について特別に記しているメッセージとして、我々が最も知る必要のあるものは何か。

答）「わたしたちがイエスから既に聞いていて、あなたがたに伝える知らせとは、神は光であり、神には闇が全くないということです。」（1 ヨハ 1:5）

問）天国において、この福音について証言しているのは誰か。

答）「証しするのは三者」（1 ヨハ 5:7）。父、御言、そして、聖霊。これらの三者は一致している。

問) どのようにして、キリストの教えに従って、父なる神を知るようになるのか。

答)「すべてのことは、父からわたしに任せられています。父のほかに、子がどういう者であるかを知る者はなく、父がどういう方であるかを知る者は、子と、子が示そうと思う者のほかには、だれもいません。」（ルカ 10:22、マタ 11:27）

「イエスは言われた。「わたしは道であり、真理であり、命である。わたしを通らなければ、だれも父のもとに行くことができない。」（ヨハ 14:6）

問) 誰によって、また、どのようにしてキリストはこの知識を明らかにしてくださるのか。

答)「しかし、このことは、「目が見もせず、耳が聞きもせず、人の心に思い浮かびもしなかったことを、神は御自分を愛する者たちに準備された」と書いてあるとおりです。わたしたちには、神が"霊"によってそのことを明らかに示してくださいました。"霊"は一切のことを、神の深みさえも究めます。人の内にある霊以外に、いったいだれが、人のことを知るでしょうか。同じように、神の霊以外に神のことを知る者はいません。わたしたちは、世の霊ではなく、神からの霊を受けました。それでわたしたちは、神から恵みとして与えられたものを知るようになったのです。」（1 コリ 2:9-12）

「しかし、弁護者、すなわち、父がわたしの名によってお遣わしになる聖霊が、あなたがたにすべてのことを教え、わたしが話したことをことごとく思い起こさせてくださる。」（ヨハ 14:26）

第二章　キリスト者の規律と導きについて、また、聖書について

問) 霊的な事柄における神の知識は、聖霊の働きによって、キリストが明らかにしてくださるのなら、福音のもとで我々が導かれるべきなのは、聖霊によってであるのか。

答) 「神の霊があなたがたの内に宿っているかぎり、あなたがたは、肉ではなく霊の支配下にいます。キリストの霊を持たない者は、キリストに属していません。…神の霊によって導かれる者は皆、神の子なのです。」（ロマ 8:9, 14）

問) であるならば、この内的な原理はキリスト者のための導き手であり、規律であるのか。

答) 「いつもあなたがたの内には、御子から注がれた油がありますから、だれからも教えを受ける必要がありません。この油が万事について教えます。それは真実であって、偽りではありません。だから、教えられたとおり、御子の内にとどまりなさい。」（1 ヨハ 2:27）
「兄弟愛については、あなたがたに書く必要はありません。あなたがた自身、互いに愛し合うように、神から教えられているからです。」（1 テサ 4:9）

問) もしキリスト者が内なる注がれた油によって導かれるべきであるならば、これが新約の時代における原理であるのか。

答) 「『それらの日の後、わたしが　イスラエルの家と結ぶ契約はこれである』と、主は言われる。『すなわち、わたしの律法を彼らの思いに置き、彼らの心にそれを書きつけよう。わたしは彼らの神となり、彼らはわたしの民となる。彼らはそれぞれ自分の同胞に、それぞれ自分の兄弟に、「主を知れ」と言って教える必要はなくなる。小さな者から大きな者に至るまで　彼らはすべて、わたしを知るように」なる。（ヘブ 8:10-11）
「預言者の書に、『彼らは皆、神によって教えられる』と書いてある。」（ヨハ 6:45）

問) それゆえ、キリストは聖霊が彼の弟子と共にあり、また、彼らの内にあると約束されたのか。

答) 「わたしは父にお願いしよう。父は別の弁護者を遣わして、永遠にあなたがたと一緒にいるようにしてくださる。この方は、真理の霊である。世は、この霊を見ようとも知ろうともしないので、受け入れることができない。しかし、あなたがたはこの霊を知っている。この霊があなたがたと共におり、これからも、あなたがたの内にいるからである。」（ヨハ 14:16-17）

問）どういった目的でこれらの聖書は書かれたのか。

答）「かつて書かれた事柄は、すべてわたしたちを教え導くためのものです。それでわたしたちは、聖書から忍耐と慰めを学んで希望を持ち続けることができるのです。」（ロマ 15:4）

問）どのようにそれらは有用であるのか。

答）「自分が幼い日から聖書に親しんできたことをも知っているからです。この書物は、キリスト・イエスへの信仰を通して救いに導く知恵を、あなたに与えることができます。聖書はすべて神の霊の導きの下に書かれ、人を教え、戒め、誤りを正し、義に導く訓練をするうえに有益です。こうして、神に仕える人は、どのような善い業をも行うことができるように、十分に整えられるのです。」（2 テモ 3:15-17）

問）聖書の卓越性はどの点にあるのか。

答）「何よりもまず心得てほしいのは、聖書の預言は何一つ、自分勝手に解釈すべきではないということです。なぜなら、預言は、決して人間の意志に基づいて語られたのではなく、人々が聖霊に導かれて神からの言葉を語ったものだからです。」（2 ペテ 1:20-21）

問）聖書が聖霊に由来し、また、聖霊によって我々はすべての真理に導かれると聖書が証言するのであるから、聖書は評価されるべきである。では、イエスが我々に聖書を求めるように命じたとき、何を意味しておられたのか。

答）「あなたたちは聖書の中に永遠の命があると考えて、聖書を研究している。ところが、聖書はわたしについて証しをするものだ。」（ヨハ 5:39）

問）昔、聖書を賛美しながらも、それを信じなかった人々がいる、もしくは聖書によって導かれようとしなかった人々がいると聞いている。キリストはこれについてどのように語っておられるか。

答）「わたしが父にあなたたちを訴えるなどと、考えてはならない。あなたたちを訴えるのは、あなたたちが頼りにしているモーセなのだ。あなたたちは、モーセを信じたのであれば、わたしをも信じたはずだ。モーセは、わたしについて書いているからである。しかし、モーセの書いたことを信じないのであれば、どうしてわたしが語ることを信じることができようか。」（ヨハ 5:45-47）

問）聖書によって指示されていると主張しながらも、それに従わない人々をどのように説明するのか。

答）「彼は、どの手紙の中でもこのことについて述べています。その手紙には難しく理解しにくい個所

があって、無学な人や心の定まらない人は、それを聖書のほかの部分と同様に曲解し、自分の滅びを招いています。」(2 ペテ 3:16)

第三章　肉に現れたイエス・キリストの意義と目的

問）キリストの到来を最も明白に預言した聖書の文書はどれか。

答）「あなたの神、主はあなたの中から、あなたの同胞の中から、わたしのような預言者を立てられる。あなたたちは彼に聞き従わねばならない。」（申 18:15）

「それゆえ、わたしの主が御自ら　あなたたちにしるしを与えられる。見よ、おとめが身ごもって、男の子を産み　その名をインマヌエルと呼ぶ。」（イザ 7:14）

問）イエス・キリストは、肉の形をとる前は、存在しなかったのか。間違って反対意見を述べる人たちに対して、どの聖書の文書がキリストの存在について証言しているか。

答）「まことに、主は彼らを捨ておかれる　産婦が子を産むときまで。そのとき、彼の兄弟の残りの者は　イスラエルの子らのもとに帰って来る。」（ミカ 5:2）

「初めに言があった。言は神と共にあった。言は神であった。この言は、初めに神と共にあった。万物は言によって成った。成ったもので、言によらずに成ったものは何一つなかった。」（ヨハ 1:1-3）

「イエスは言われた。『はっきり言っておく。アブラハムが生まれる前から、『わたしはある。』』」（ヨハ 8:58）

「父よ、今、御前でわたしに栄光を与えてください。世界が造られる前に、わたしがみもとで持っていたあの栄光を。」（ヨハ 17:5）

「すべてのものをお造りになった神の内に世の初めから隠されていた秘められた計画が、どのように実現されるのかを、すべての人々に説き明かしています。」（エペ 3:9）

「天にあるものも地にあるものも、見えるものも見えないものも、王座も主権も、支配も権威も、万物は御子において造られたからです。つまり、万物は御子によって、御子のために造られました。」（コロ 1:16）

「この終わりの時代には、御子によってわたしたちに語られました。神は、この御子を万物の相続者と定め、また、御子によって世界を創造されました。」（ヘブ 1:2）

問）これらの言葉は、世界でさえキリストによって創造されたことを明白に示している。しかし、キリストの神性を誤って否定する人たちに対して反証する聖書の文書はどれであるか。

答）「言は神であった。」（ヨハ 1:1）

「先祖たちも彼らのものであり、肉によればキリストも彼らから出られたのです。キリストは、万物の上におられる、永遠にほめたたえられる神、アーメン。」（ロマ 9:5）

「キリストは、神の身分でありながら、神と等しい者であることに固執しようとは思わず」（ピリ2:6）

「わたしたちは知っています。神の子が来て、真実な方を知る力を与えてくださいました。わたしたちは真実な方の内に、その御子イエス・キリストの内にいるのです。この方こそ、真実の神、永遠の命です。」（1ヨハ5:20）

問）神の永遠の子、イエス・キリストに対して聖書はどのような栄光ある名を与えているか。

答）「その名は、「驚くべき指導者、力ある神　永遠の父、平和の君」と唱えられる。」（イザ9:5）

「御子は、見えない神の姿であり、すべてのものが造られる前に生まれた方です。」（コロ1:15）

「御子は、神の栄光の反映であり、神の本質の完全な現れ」（ヘブ1:3）（より適切に言えば、ギリシア語によれば、それは本質である）。

「また、血に染まった衣を身にまとっており、その名は「神の言葉」と呼ばれた。」（黙19:13）

問）どのようにキリストの誕生は起こったのか。

答）「イエス・キリストの誕生の次第は次のようであった。母マリアはヨセフと婚約していたが、二人が一緒になる前に、聖霊によって身ごもっていることが明らかになった。」（マタ1:18）

「すると、天使は言った。「マリア、恐れることはない。あなたは神から恵みをいただいた。あなたは身ごもって男の子を産むが、その子をイエスと名付けなさい。その子は偉大な人になり、いと高き方の子と言われる。神である主は、彼に父ダビデの王座をくださる。彼は永遠にヤコブの家を治め、その支配は終わることがない。」マリアは天使に言った。「どうして、そのようなことがありえましょうか。わたしは男の人を知りませんのに。」天使は答えた。「聖霊があなたに降り、いと高き方の力があなたを包む。だから、生まれる子は聖なる者、神の子と呼ばれる。」（ルカ1:30-35）

問）処女マリアから生まれ、ヨセフの息子であるとされるイエス・キリストは、現実に本当にいた人物であるのか。

答）「子らは血と肉を備えているので、イエスもまた同様に、これらのものを備えられました。それは、死をつかさどる者、つまり悪魔を御自分の死によって滅ぼ」すためでした。…「確かに、イエスは天使たちを助けず、アブラハムの子孫を助けられるのです。それで、イエスは、神の御前において憐れみ深い、忠実な大祭司となって、民の罪を償うために、すべての点で兄弟たちと同じようにならねばならなかったのです。」（ヘブ2:14,16-17）

「この大祭司は、わたしたちの弱さに同情できない方ではなく、罪を犯されなかったが、あらゆる点において、わたしたちと同様に試練に遭われたのです。」（ヘブ4:15）

「一人の人イエス・キリストの恵みの賜物とは、多くの人に豊かに注がれるのです。」（ロマ 5:15）

「しかし、実際、キリストは死者の中から復活し、眠りについた人たちの初穂となられました。死が一人の人によって来たのだから、死者の復活も一人の人によって来るのです。」（1 コリ 15:20-21）

問）人としてのイエス・キリストの内に、どのようにして神の永遠なる子が結合されていると聖書は証言しているのか。

答）「言は肉となって、わたしたちの間に宿られた。わたしたちはその栄光を見た。それは父の独り子としての栄光であって、恵みと真理とに満ちていた。」（ヨハ 1:14）

「神がお遣わしになった方は、神の言葉を話される。神が"霊"を限りなくお与えになるからである。」（ヨハ 3:34）

「ナザレのイエスのことです。神は、聖霊と力によってこの方を油注がれた者となさいました。イエスは、方々を巡り歩いて人々を助け、悪魔に苦しめられている人たちをすべていやされたのですが、それは、神が御一緒だったからです。」（使 10:38）

「神は、御心のままに、満ちあふれるものを余すところなく御子の内に宿らせ」（コロ 1:19）

「キリストの内には、満ちあふれる神性が、余すところなく、見える形をとって宿っており」（コロ 2:9）

「知恵と知識の宝はすべて、キリストの内に隠れています。」（コロ 2:3）

問）どのような目的でキリストはこの世に来たり給うたのか。

答）「肉の弱さのために律法がなしえなかったことを、神はしてくださったのです。つまり、罪を取り除くために御子を罪深い肉と同じ姿でこの世に送り、その肉において罪を罪として処断されたのです。」（ロマ 8:3）

「罪を犯す者は悪魔に属します。悪魔は初めから罪を犯しているからです。悪魔の働きを滅ぼすためにこそ、神の子が現れたのです。」（1 ヨハ 3:8）

「あなたがたも知っているように、御子は罪を除くために現れました。御子には罪がありません。」（1 ヨハ 3:5）

問）イエスは本当に十字架に架けられ、復活したのか。

答）「最も大切なこととしてわたしがあなたがたに伝えたのは、わたしも受けたものです。すなわち、キリストが、聖書に書いてあるとおりわたしたちの罪のために死んだこと、葬られたこと、また、聖書に書いてあるとおり三日目に復活したこと」（1 コリ 15:3-4）

問) キリストの現臨、死、苦難の目的は何であると聖書は証言しているか。

答)「わたしはこの目であなたの救いを見たからです。これは万民のために整えてくださった救いで、異邦人を照らす啓示の光、あなたの民イスラエルの誉れです。」(ルカ2:30-32)

「神はこのキリストを立て、その血によって信じる者のために罪を償う供え物となさいました。それは、今まで人が犯した罪を見逃して、神の義をお示しになるためです。」(ロマ3:25)

「キリストがわたしたちを愛して、御自分を香りのよい供え物、つまり、いけにえとしてわたしたちのために神に献げてくださったように、あなたがたも愛によって歩みなさい。」(エペ5:2)

「その十字架の血によって平和を打ち立て、地にあるものであれ、天にあるものであれ、万物をただ御子によって、御自分と和解させられました。あなたがたは、以前は神から離れ、悪い行いによって心の中で神に敵対していました。しかし今や、神は御子の肉の体において、その死によってあなたがたと和解し、御自身の前に聖なる者、きずのない者、とがめるところのない者としてくださいました。」(コロ1:20-22)

「雄山羊と若い雄牛の血によらないで、御自身の血によって、ただ一度聖所に入って永遠の贖いを成し遂げられたのです。…永遠の"霊"によって、御自身をきずのないものとして神に献げられたキリストの血は、わたしたちの良心を死んだ業から清めて、生ける神を礼拝するようにさせないでしょうか。」(ヘブ9:12, 14)

「キリストも、罪のためにただ一度苦しまれました。正しい方が、正しくない者たちのために苦しまれたのです。あなたがたを神のもとへ導くためです。キリストは、肉では死に渡されましたが、霊では生きる者とされたのです。」(1ペテ3:18)

「イエスは、わたしたちのために、命を捨ててくださいました。そのことによって、わたしたちは愛を知りました。」(1ヨハ3:16)

「こういうわけで、キリストは新しい契約の仲介者なのです。それは、最初の契約の下で犯された罪の贖いとして、キリストが死んでくださったので、召された者たちが、既に約束されている永遠の財産を受け継ぐためにほかなりません。」(ヘブ9:15)

問) では、キリストは仲介者であられるのか。

答)「神は唯一であり、神と人との間の仲介者も、人であるキリスト・イエスただおひとりなのです。この方はすべての人の贖いとして御自身を献げられました。これは定められた時になされた証しです。」(1テモ2:5-6)

14

問）地上に現れる以前や、十字架に架けられる以前は、キリストは仲介者であられたのか。

答）「屠られた小羊は、力、富、知恵、威力、誉れ、栄光、そして賛美を受けるにふさわしい方です。」
（黙5:12）

「天地創造の時から」（黙13:8）

問）とすれば、昔の聖徒たちは、彼らと共におり、彼らを養ってくださるものとしてのキリストの苦
難に与ったと信じる必要があるのか。

答）「兄弟たち、次のことはぜひ知っておいてほしい。わたしたちの先祖は皆、雲の下におり、皆、海
を通り抜け、皆、雲の中、海の中で、モーセに属するものとなる洗礼を授けられ、皆、同じ霊的な食
物を食べ、皆が同じ霊的な飲み物を飲みました。彼らが飲んだのは、自分たちに離れずについて来た
霊的な岩からでしたが、この岩こそキリストだったのです。」（1 コリ 10:1-4）

問）ところで、上で引用された聖書の箇所は、概して、キリストの苦難や死が罪を打ち壊し、取り除
き、赦すのに効果を持っていることを示している。では、彼がこの地上にいる間に、このことは完成
されたのか。もしくは我々の内においてキリスト自身がなし、また、我々が彼の力をもってなすべき
ことが残されているのか。

答）「あなたがたが召されたのはこのためです。というのは、キリストもあなたがたのために苦しみを
受け、その足跡に続くようにと、模範を残されたからです。」（1 ペテ 2:21）

「わたしパウロは、それに仕える者とされました。今やわたしは、あなたがたのために苦しむことを
喜びとし、キリストの体である教会のために、キリストの苦しみの欠けたところを身をもって満たし
ています。」（コロ 1:23-24）

「わたしたちは、いつもイエスの死を体にまとっています、イエスの命がこの体に現れるために。わ
たしたちは生きている間、絶えずイエスのために死にさらされています、死ぬはずのこの身にイエス
の命が現れるために。」（2 コリ 4:10-11）

「その一人の方はすべての人のために死んでくださった。その目的は、生きている人たちが、もはや
自分自身のために生きるのではなく、自分たちのために死んで復活してくださった方のために生きる
ことなのです。」（2 コリ 5:15）

「わたしは、キリストとその復活の力とを知り、その苦しみにあずかって、その死の姿にあやかりな
がら」（ピリ 3:10）

第四章　新しい誕生、すなわち、キリストの内的な現れと聖徒同士の一致

問）キリストは彼の弟子たちに再び到来すると約束されたか。

答）「わたしは、あなたがたをみなしごにはしておかない。あなたがたのところに戻って来る。」（ヨハ 14:18）

問）この約束は弟子たちのみに対してであるのか、それともすべての信仰者への共通の恩恵なのか。

答）「高く、あがめられて、永遠にいまし　その名を聖と唱えられる方がこう言われる。わたしは、高く、聖なる所に住み　打ち砕かれて、へりくだる霊の人と共にあり　へりくだる霊の人に命を得させ打ち砕かれた心の人に命を得させる。」（イザ 57:15）

「わたしたちは生ける神の神殿なのです。神がこう言われているとおりです。『わたしは彼らの間に住み、巡り歩く。』（2 コリ 6:16）

「見よ、わたしは戸口に立って、たたいている。だれかわたしの声を聞いて戸を開ける者があれば、わたしは中に入ってその者と共に食事をし、彼もまた、わたしと共に食事をするであろう。」（黙 3:20）

問）使徒パウロは、彼の内に啓示された神の子のことについて語っているのか。

答）「しかし、わたしを母の胎内にあるときから選び分け、恵みによって召し出してくださった神が、御心のままに、御子をわたしに示して、その福音を異邦人に告げ知らせるようにされたとき」（ガラ 1:15-16）［訳注："God, who separated me from my mother's womb, and called me by his grace, To reveal his Son in me, that I might preach him among the heathen" (Galatians 1:15-16 KJV)、下線部は訳者］

問）内的にキリストを知ることが大切であるのか。

答）「信仰を持って生きているかどうか自分を反省し、自分を吟味しなさい。あなたがたは自分自身のことが分からないのですか。イエス・キリストがあなたがたの内におられることが。あなたがたが失格者なら別ですが……。」（2 コリ 13:5）

問）使徒は、このキリストの内なる誕生が他の人々にも経験されることを熱心に望んでいたのか。

答）「わたしの子供たち、キリストがあなたがたの内に形づくられるまで、わたしは、もう一度あなたがたを産もうと苦しんでいます。」（ガラ 4:19）

問) キリストについての内的な知識が必要であると、また、外的な事柄を超えた新しい誕生が必要であると、同じ使徒は信じていたのか。

答)「それで、わたしたちは、今後だれをも肉に従って知ろうとはしません。肉に従ってキリストを知っていたとしても、今はもうそのように知ろうとはしません。だから、キリストと結ばれる人はだれでも、新しく創造された者なのです。古いものは過ぎ去り、新しいものが生じた。」(2コリ 5:16-17)

「あなたがたは、キリストをこのように学んだのではありません。キリストについて聞き、キリストに結ばれて教えられ、真理がイエスの内にあるとおりに学んだはずです。だから、以前のような生き方をして情欲に迷わされ、滅びに向かっている古い人を脱ぎ捨て、心の底から新たにされて、神にかたどって造られた新しい人を身に着け、真理に基づいた正しく清い生活を送るようにしなければなりません。」(エペ 4:20-24)

問) 内なるキリストは、使徒がのべ伝えた神の神秘であり、栄光の希望なのか。

答)「この秘められた計画が異邦人にとってどれほど栄光に満ちたものであるかを、神は彼らに知らせようとされました。その計画とは、あなたがたの内におられるキリスト、栄光の希望です。このキリストを、わたしたちは宣べ伝えており、すべての人がキリストに結ばれて完全な者となるように」(コロ 1:27-28)

問) 他の箇所で、使徒はこの新たな誕生について力説しているか。

答)「主イエス・キリストを身にまといなさい。欲望を満足させようとして、肉に心を用いてはなりません。」(ロマ 13:14)

問) 使徒は、古い人を脱ぎ捨て、新しい人を着ることについて信徒たちに書き送っているか。

答)「洗礼を受けてキリストに結ばれたあなたがたは皆、キリストを着ているからです。」(ガラ 3:27)

「古い人をその行いと共に脱ぎ捨て、造り主の姿に倣う新しい人を身に着け、日々新たにされて、真の知識に達するのです。」(コロ 3:9-10)

問) キリスト自身は、新たな誕生の必要性について何か語っておられるか。

答)「イエスは答えて言われた。「はっきり言っておく。人は、新たに生まれなければ、神の国を見ることはできない。」」(ヨハ 3:3)

問) この新たな誕生はどのような種子から生まれるか。

答)「あなたがたは、朽ちる種からではなく、朽ちない種から、すなわち、神の変わることのない生きた言葉によって新たに生まれたのです。」(1 ペテ 1:23)

問) 使徒パウロは、彼自身の新たな生についてどのように証言しているか。

答)「わたしは、キリストと共に十字架につけられています。生きているのは、もはやわたしではありません。キリストがわたしの内に生きておられるのです。」(ガラ 2:19-20)

問) キリストの十字架を説教することの意味は。

答)「十字架の言葉は、滅んでいく者にとっては愚かなものですが、わたしたち救われる者には神の力です。」(1 コリ 1:18)

問) 十字架がパウロにどのような影響を与えたか。また、彼は、外的で目に見える儀式に比して新たな誕生をどの程度重んじていたのか。

答)「このわたしには、わたしたちの主イエス・キリストの十字架のほかに、誇るものが決してあってはなりません。この十字架によって、世はわたしに対し、わたしは世に対してはりつけにされているのです。割礼の有無は問題ではなく、大切なのは、新しく創造されることです。」(ガラ 6:14-15)

問) キリストは、信仰者たちと一つであることについてどのように語っておられるか。

答)「かの日には、わたしが父の内におり、あなたがたがわたしの内におり、わたしもあなたがたの内にいることが、あなたがたに分かる。」(ヨハ 14:20)

「わたしにつながっていなさい。わたしもあなたがたにつながっている。ぶどうの枝が、木につながっていなければ、自分では実を結ぶことができないように、あなたがたも、わたしにつながっていなければ、実を結ぶことができない。わたしはぶどうの木、あなたがたはその枝である。人がわたしにつながっており、わたしもその人につながっていれば、その人は豊かに実を結ぶ。わたしを離れては、あなたがたは何もできないからである。」(ヨハ 15:4-5)

「彼らのためだけでなく、彼らの言葉によってわたしを信じる人々のためにも、お願いします。父よ、あなたがわたしの内におられ、わたしがあなたの内にいるように、すべての人を一つにしてください。彼らもわたしたちの内にいるようにしてください。そうすれば、世は、あなたがわたしをお遣わしになったことを、信じるようになります。あなたがくださった栄光を、わたしは彼らに与えました。わたしたちが一つであるように、彼らも一つになるためです。」(ヨハ 17:20-22)

問) 使徒パウロは、この一致についてどのような信仰を持っているか。

答)「事実、人を聖なる者となさる方も、聖なる者とされる人たちも、すべて一つの源から出ているのです。それで、イエスは彼らを兄弟と呼ぶことを恥としないで」（ヘブ 2:11）

問) 使徒ペトロの信仰はどのようなものか。

答)「この栄光と力ある業とによって、わたしたちは尊くすばらしい約束を与えられています。それは、あなたがたがこれらによって、情欲に染まったこの世の退廃を免れ、神の本性にあずからせていただくようになるためです。」（2 ペテ 1:4）

第五章　キリストのすべての者を照らす光。全世界で明らかにされる恵みの普遍性と十全性

問）堕落し、死にある人間に対する神の愛の本性はどのようなものか。

答）「神は、その独り子をお与えになったほどに、世を愛された。独り子を信じる者が一人も滅びないで、永遠の命を得るためである。」（ヨハ 3:16）

「神は、独り子を世にお遣わしになりました。その方によって、わたしたちが生きるようになるためです。ここに、神の愛がわたしたちの内に示されました。」（1 ヨハ 4:9）

問）「世」という言葉は、すべての人々のことを示しているのか、それともあるわずかな人々のことを示しているのか。

答）「ただ、「天使たちよりも、わずかの間、低い者とされた」イエスが、死の苦しみのゆえに、「栄光と栄誉の冠を授けられた」のを見ています。神の恵みによって、すべての人のために死んでくださったのです。」（ヘブ 2:9）

「たとえ罪を犯しても、御父のもとに弁護者、正しい方、イエス・キリストがおられます。この方こそ、わたしたちの罪、いや、わたしたちの罪ばかりでなく、全世界の罪を償ういけにえです」（1 ヨハ 2:1-2）

問）使徒ヨハネは、自分自身と、彼が手紙を書き送っている人たちとは区別して、「世」と語って言うことから、「世」が単に信仰者だけではなく、「すべての人」を意味していると思われる。このパウロはこれに何か付け加えているか。

答）「あなたがたの内におられるキリスト、栄光の希望です。このキリストを、わたしたちは宣べ伝えており、すべての人がキリストに結ばれて完全な者となるように、知恵を尽くしてすべての人を諭し、教えています。」（コロ 1:27-28）

「そこで、まず第一に勧めます。願いと祈りと執り成しと感謝とをすべての人々のためにささげなさい。…これは、わたしたちの救い主である神の御前に良いことであり、喜ばれることです。神は、すべての人々が救われて真理を知るようになることを望んでおられます。…この方はすべての人の贖いとして御自身を献げられました。これは定められた時になされた証しです。」（1 テモ 2:1, 3, 4, 6）

問）この点について、使徒ペトロの証はどのようなものであるか。

答）「ある人たちは、遅いと考えているようですが、主は約束の実現を遅らせておられるのではありません。そうではなく、一人も滅びないで皆が悔い改めるようにと、あなたがたのために忍耐しておら

れるのです。」（2 ペテ 3:9）

問） このことに関して証言する他の聖書の箇所はあるか。

答）「彼らに言いなさい。わたしは生きている、と主なる神は言われる。わたしは悪人が死ぬのを喜ばない。むしろ、悪人がその道から立ち帰って生きることを喜ぶ。」（エゼ 33:11）

「主は恵みに富み、憐れみ深く　忍耐強く、慈しみに満ちておられます。主はすべてのものに恵みを与え　造られたすべてのものを憐れんでくださいます。」（詩 145:8-9）

「神はキリストによって世を御自分と和解させ」（2 コリ 5:19）

問） これらの聖書箇所は、すべての人々に神の愛はおよんでおり、彼らがキリストによって救われたであろうこと、または、救われるであろうことを示しているようである。ところで、神　もしくはキリストは、人類の大部分は救いをもたらさず、キリストの到来と彼の苦難は、彼らの義認のためのものではなかったのであり、むしろ彼らの裁きに導くものであった、神の目的によれば、誕生から死まで神の恵みは救いのすべての手段を無効にするという主張する人々も存在する。聖書は、この立場についてどのように語っているか。

答）「神が御子を世に遣わされたのは、世を裁くためではなく、御子によって世が救われるためである。」（ヨハ 3:17）

「わたしを信じる者が、だれも暗闇の中にとどまることのないように、わたしは光として世に来た。わたしの言葉を聞いて、それを守らない者がいても、わたしはその者を裁かない。わたしは、世を裁くためではなく、世を救うために来たからである。」（ヨハ 12:46-47）

問） 真理に反する立場を作り上げようとする人々は、どの聖書箇所を用いるのか。

答）「その子供たちがまだ生まれもせず、善いことも悪いこともしていないのに、「兄は弟に仕えるであろう」とリベカに告げられました。それは、自由な選びによる神の計画が人の行いにはよらず、お召しになる方によって進められるためでした。「わたしはヤコブを愛し、　エサウを憎んだ」と書いてあるとおりです。」（ロマ 9:11-13）

問） この聖書箇所は、単に子供が生まれる前に、兄の方が弟に仕えるだろうと語っているにすぎない。「わたしはヤコブを愛し、　エサウを憎んだ」という別の言葉は、この両兄弟が死んでから何百年も後の預言者マラキの言葉から来ている。神の定め以外で、神がエサウを憎んだ他の理由について聖書は言及していない。この同じ使徒は他の箇所で何と言っているだろうか。

答）「また、だれであれ、ただ一杯の食物のために長子の権利を譲り渡したエサウのように、みだらな者や俗悪な者とならないよう気をつけるべきです。あなたがたも知っているとおり、エサウは後になって祝福を受け継ぎたいと願ったが、拒絶されたからです。」（ヘブ 12:16-17）

問）アダムの罪によって、多くの人が、子どもでさえも、破滅に定められていると他の人々 [論敵] は主張する。アダムの罪によって有罪が宣告されたのと同じくらい、キリストの死の贖いの力をもっていたと聖書は語っていないだろうか？
答）「一人の罪によって多くの人が死ぬことになったとすれば、なおさら、神の恵みと一人の人イエス・キリストの恵みの賜物とは、多くの人に豊かに注がれるのです。… そこで、一人の罪によってすべての人に有罪の判決が下されたように、一人の正しい行為によって、すべての人が義とされて命を得ることになったのです。」（ロマ 5:15, 18）

問）この聖句は、キリストの死がアダムの罪によって人類にもたらされたすべての害悪を償うものであるということを十分に証明するものである。では、裁きの理由とは一体何であるのか。
答）「御子を信じる者は裁かれない。信じない者は既に裁かれている。神の独り子の名を信じていないからである。」（ヨハ 3:18）
「そして、あらゆる不義を用いて、滅びていく人々を欺くのです。彼らが滅びるのは、自分たちの救いとなる真理を愛そうとしなかったからです。それで、神は彼らに惑わす力を送られ、その人たちは偽りを信じるようになります。こうして、真理を信じないで不義を喜んでいた者は皆、裁かれるのです。」（2 テサ 2:10-12）

問）聖書の証によれば、神の愛と恵みはすべての人々に向けられており、世に顕現した神の御子イエス・キリストは、すべての者に福音、つまり、すべての人々に対する救いの知らせをもたらし、彼らは恵みを受け取り、それによって救われる可能性に入れられたという。
答）「ただ、揺るぐことなく信仰に踏みとどまり、あなたがたが聞いた福音の希望から離れてはなりません。この福音は、世界中至るところの人々に宣べ伝えられており、わたしパウロは、それに仕える者とされました。」（コロ 1:23）

問）福音とは何か。
答）「わたしは福音を恥としない。福音は、ユダヤ人をはじめ、ギリシア人にも、信じる者すべてに救いをもたらす神の力だからです。」（ロマ 1:16）

問) この福音は隠されているのか。

答)「わたしたちの福音に覆いが掛かっているとするなら、それは、滅びの道をたどる人々に対して覆われているのです。この世の神が、信じようとはしないこの人々の心の目をくらまし、神の似姿であるキリストの栄光に関する福音の光が見えないようにしたのです。」(2 コリ 4:3-4)

問) この光は世に来たのではなかったか。その光が人々から隠されているからではなく、彼らがその光を愛さなかったゆえに、彼らは裁かれているのか。

答)「光が世に来たのに、…光よりも闇の方を好んだ。それが、もう裁きになっている。」(ヨハ 3:19)

問) なぜ彼らは光を愛さないのか。

答)「人々はその行いが悪いので」(ヨハ 3:19)

問) すべての者がこの光によって照らされているのか。

答)「彼[洗礼者ヨハネ]は光ではなく、光について証しをするために来た。その光は、まことの光で、世に来てすべての人を照らすのである。」(ヨハ 1:8-9)

問) この光はすべてのものを明るみにだすのか。

答)「すべてのものは光にさらされて、明らかにされます。明らかにされるものはみな、光となるのです。」(エペ 5:13-14)

問) 悪しき人々は、この光について語ったり、この光に関心を向けているか。

答)「悪を行う者は皆、光を憎み、その行いが明るみに出されるのを恐れて、光の方に来ないからである。」(ヨハ 3:20)

「光に背く人々がいる。」(ヨブ 24:13)

問) 善き人々は、この光を愛し、従っているのか。

答)「しかし、真理を行う者は光の方に来る。その行いが神に導かれてなされたということが、明らかになるために。」(ヨハ 3:21)

問）光を愛し、光の中に歩む人々にどのような益があるのか。

答）「神が光の中におられるように、わたしたちが光の中を歩むなら、互いに交わりを持ち、御子イエスの血によってあらゆる罪から清められます。」(1 ヨハ 1:7)

問）キリストは、我々に光に注意を払うように命じているか。

答）「光の子となるために、光のあるうちに、光を信じなさい。」(ヨハ 12:36)

問）使徒たちは、人々が光の方に注意を向けるように命じられているのか。

答）「わたしは、あなたをこの民と異邦人の中から救い出し、彼らのもとに遣わす。それは、彼らの目を開いて、闇から光に、サタンの支配から神に立ち帰らせ、こうして彼らがわたしへの信仰によって、罪の赦しを得、聖なる者とされた人々と共に恵みの分け前にあずかるようになるためである。」(使 26:17-18)

問）救いのために、この光は生涯を通してすべての者のもとにあるのか、それとも訪れの日のみか。

答）「イエスは言われた。「光は、いましばらく、あなたがたの間にある。暗闇に追いつかれないように、光のあるうちに歩きなさい。」(ヨハ 12:35)

「再び、神はある日を「今日」と決めて、かなりの時がたった後、既に引用したとおり、「今日、あなたたちが神の声を聞くなら、心をかたくなにしてはならない」とダビデを通して語られたのです。」

（ヘブ 4:7）［訳注："Again, he limiteth a certain day, saying in David, To day, after so long a time; as it is said, To day if ye will hear his voice, harden not your hearts." (Heb. 4:7 KJV)、下線は訳者］

問）彼らが平安を知るようになる日〔後に人々から隠されるかもしれない〕があるということは、どのようにして証明されるのか。

答）「エルサレムに近づき、都が見えたとき、イエスはその都のために泣いて、言われた。「もしこの日に、お前も平和への道をわきまえていたなら……。しかし今は、それがお前には見えない。」(ルカ 19:41-42)

問）神のもとに集められることを拒否し、それゆえ罪に陥っている人々を、主は進んで集めようとなさることについて、他の聖書的根拠はあるのか。

答）「「エルサレム、エルサレム、預言者たちを殺し、自分に遣わされた人々を石で打ち殺す者よ、めん鳥が雛を羽の下に集めるように、わたしはお前の子らを何度集めようとしたことか。だが、お前た

ちは応じようとしなかった。」(マタ 23:37、ルカ 13:34)

「そこで、主君はその家来を呼びつけて言った。『不届きな家来だ。お前が頼んだから、借金を全部帳消しにしてやったのだ。わたしがお前を憐れんでやったように、お前も自分の仲間を憐れんでやるべきではなかったか。』そして、主君は怒って、借金をすっかり返済するまでと、家来を牢役人に引き渡した。」(マタ 18:32-34)

「そこで、パウロとバルナバは勇敢に語った。「神の言葉は、まずあなたがたに語られるはずでした。だがあなたがたはそれを拒み、自分自身を永遠の命を得るに値しない者にしている。見なさい、わたしたちは異邦人の方に行く。」(使 13:46)

「しかし、わたしが呼びかけても拒み 手を伸べても意に介せず わたしの勧めをことごとくなおざりにし 懲らしめを受け入れないなら あなたたちが災いに遭うとき、わたしは笑い 恐怖に襲われるとき、嘲笑うであろう。」(箴 1:24-26)

「またあるときは、一つの民や王国を建て、また植えると約束するが、わたしの目に悪とされることを行い、わたしの声に聞き従わないなら、彼らに幸いを与えようとしたことを思い直す。」(エレ 18:9-10)

問) 神の霊は、しばらくの間、人々と奮闘し、そして最後に、退くのか。

答)「主は言われた。「わたしの霊は人の中に永久にとどまるべきではない。」(創 6:3)

問) 神の霊に対して逆らってよいのか。

答)「かたくなで、心と耳に割礼を受けていない人たち、あなたがたは、いつも聖霊に逆らっています。あなたがたの先祖が逆らったように、あなたがたもそうしているのです。」(使 7:51)

「不義によって真理の働きを妨げる人間のあらゆる不信心と不義に対して、神は天から怒りを現されます。」(ロマ 1:18)

問) 神について知られうることを、神は人々に明らかにされるのか。

答)「なぜなら、神について知りうる事柄は、彼らにも明らかだからです。神がそれを示されたのです。」(ロマ 1:19)

問) この光、または、種子は、悪しき人々の心の中にも植え付けられているのか。

答)「イエスはたとえを用いて彼らに多くのことを語られた。「種を蒔く人が種蒔きに出て行った。蒔いている間に、ある種は道端に落ち、鳥が来て食べてしまった。ほかの種は、石だらけで土の少ない

所に落ち、そこは土が浅いのですぐ芽を出した。…ほかの種は茨の間に落ち、茨が伸びてそれをふさいでしまった。」(マタ 13:3, 4, 5, 7)

問) 種が落ちたと言われているこれらの場所は、人々の心のことであると理解されるべきか。

答)「種を蒔く人のたとえを聞きなさい。だれでも御国の言葉を聞いて悟らなければ、悪い者が来て、心の中に蒔かれたものを奪い取る。道端に蒔かれたものとは、こういう人である。」(マタ 13:18-19)

問) この種は、最初現れたときには、小さいものであるのか。

答)「天の国はからし種に似ている。人がこれを取って畑に蒔けば、どんな種よりも小さいのに」(マタ 13:31-32)

問) 多くの者は、光と種によって意味されていることを理解しない。聖書ではこのような隠喩がしばしば用いられるのであるが、それらが日常的な語り口ではないからである。問題は、聖霊の救いの現れが、すべての人々の益のために、彼らに与えられるのかということである。

答)「一人一人に"霊"の働きが現れるのは、全体の益となるためです。」(1 コリ 12:7)

問) 確かに、もしこの光と種がすべての者の益のためであるならば、救いのために与えられるに違いない。もし救いには力不足であり、もしくは効果的ではないというならば、一体何の意味があるというのだろうか。しかし、この点について、一般恩寵と救いに至る恩寵を区別するキリスト者もいる。すべての人に与えられ、かつ救いをもたらすような恵みは存在するのか。

答)「実に、すべての人々に救いをもたらす神の恵みが現れました。」(テト 2:11)

問) 救いをもたらすものは、必ず救うものに違ない。この恵みによって我々は、何を教えられるのか。

答)「その恵みは、わたしたちが不信心と現世的な欲望を捨てて、この世で、思慮深く、正しく、信心深く生活するように教え」る。(テト 2:12)

問) 確かに、正義と信仰深さを教えるものは、それで十分であるだろう。というのは、人間の全ての義務はそれらの内にあるからである。この導き手について、使徒は他の箇所でどのように述べているか。

答)「そして今、神とその恵みの言葉とにあなたがたをゆだねます。この言葉は、あなたがたを造り上げ、聖なる者とされたすべての人々と共に恵みを受け継がせることができるのです。」(使 20:32)

問) 神の言葉とは何であるか。

答) 「というのは、神の言葉は生きており、力を発揮し、どんな両刃の剣よりも鋭く、精神と霊、関節と骨髄とを切り離すほどに刺し通して、心の思いや考えを見分けることができるからです。更に、神の御前では隠れた被造物は一つもなく、すべてのものが神の目には裸であり、さらけ出されているのです。この神に対して、わたしたちは自分のことを申し述べねばなりません。」(ヘブ 4:12-13)

問) 我々は神の言葉に注意を払わねばならないか。

答) 「こうして、わたしたちには、預言の言葉はいっそう確かなものとなっています。夜が明け、明けの明星があなたがたの心の中に昇るときまで、暗い所に輝くともし火として、どうかこの預言の言葉に留意していてください。」(2 ペテ 1:19)

問) これらの聖書箇所は、光、種、恵み、神の言葉の普遍性と十全性について明白に語っているようである。しかし、この救いの御言葉は、近くにあるのか、遠くにあるのか、また、内にあるのか、外にあるものか。

答) 「しかし、信仰による義については、こう述べられています。「心の中で『だれが天に上るか』と言ってはならない。」これは、キリストを引き降ろすことにほかなりません。また、「『だれが底なしの淵に下るか』と言ってもならない。」これは、キリストを死者の中から引き上げることになります。では、何と言われているのだろうか。「御言葉はあなたの近くにあり、　あなたの口、あなたの心にある。」これは、わたしたちが宣べ伝えている信仰の言葉なのです。」(ロマ 10:6-8)

問) 御言葉については明らかである。内なる光について、他の聖書箇所は何と語っているか。

答) 「「闇から光が輝き出よ」と命じられた神は、わたしたちの心の内に輝いて、イエス・キリストの御顔に輝く神の栄光を悟る光を与えてくださいました。ところで、わたしたちは、このような宝を土の器に納めています。この並外れて偉大な力が神のものであって、わたしたちから出たものでないことが明らかになるために。」(2 コリ 4:6-7)

問) それは御国の種子とも呼ばれていることから、神の国もまた内的なものか。

答) 「イエスは答えて言われた。「神の国は、見える形では来ない。『ここにある』『あそこにある』と言えるものでもない。実に、神の国はあなたがたの間にあるのだ。」」(ルカ 17:20-21) [訳注："he answered them and said, The kingdom of God cometh not with observation: Neither shall they say, Lo here! or, lo there! for, behold, the kingdom of God is within you." (Luke17:20-21 KJV)、下線は訳者]

第六章　信仰、義認、業

問）信仰とは何か。

答）「信仰とは、望んでいる事柄を確信し、見えない事実を確認することです。」（ヘブ11:1）

問）信仰は絶対的に必要なものか。

答）「信仰がなければ、神に喜ばれることはできません。神に近づく者は、神が存在しておられること、また、神は御自分を求める者たちに報いてくださる方であることを、信じていなければならないからです。」（ヘブ11:6）

問）我々は信仰によって義とされるのか。

答）「こうして律法は、わたしたちをキリストのもとへ導く養育係となったのです。わたしたちが信仰によって義とされるためです。」（ガラ3:24）

問）どのような信仰が義認に値するのか。

答）「キリスト・イエスに結ばれていれば、割礼の有無は問題ではなく、愛の実践を伴う信仰こそ大切です。」（ガラ5:6）

問）義認には、信仰と同様、業も必要であるのか。

答）「ああ、愚かな者よ、行いの伴わない信仰が役に立たない、ということを知りたいのか。神がわたしたちの父アブラハムを義とされたのは、息子のイサクを祭壇の上に献げるという行いによってではなかったですか。アブラハムの信仰がその行いと共に働き、信仰が行いによって完成されたことが、これで分かるでしょう。「アブラハムは神を信じた。それが彼の義と認められた」という聖書の言葉が実現し、彼は神の友と呼ばれたのです。これであなたがたも分かるように、人は行いによって義とされるのであって、信仰だけによるのではありません。」（ヤコ2:20-24）

問）信仰も業も同様に義認に必要であるならば、使徒が排除する業はどのようなものか。

答）「なぜなら、律法を実行することによっては、だれ一人神の前で義とされないからです。」（ロマ3:20）

問) 律法の行いでは義とされないということは、自尊心を排除するためであって、神の恵みが高められるためではないか。

答)「事実、あなたがたは、恵みにより、信仰によって救われました。このことは、自らの力によるのではなく、神の賜物です。行いによるのではありません。それは、だれも誇ることがないためなのです。なぜなら、わたしたちは神に造られたものであり、しかも、神が前もって準備してくださった善い業のために、キリスト・イエスにおいて造られたからです。わたしたちは、その善い業を行って歩むのです。」（エペ 2:8-10）

問) 恵みによって行われる業も排除されるのか。我々は、業によって救われ、義とされることは決してないと言われるのか。

答)「神は、わたしたちが行った義の業によってではなく、御自分の憐れみによって、わたしたちを救ってくださいました。この救いは、聖霊によって新しく生まれさせ、新たに造りかえる洗いを通して実現したのです。神は、わたしたちの救い主イエス・キリストを通して、この聖霊をわたしたちに豊かに注いでくださいました。こうしてわたしたちは、キリストの恵みによって義とされ、希望どおり永遠の命を受け継ぐ者とされたのです。」（テト 3:5-7）

問) 恵みによって義とされることは、再生され、救われることによって義とされることを意味する。このことは、恵みと聖霊とによってなされた業を排除することではない。次の節で、律法について非難する人たちに対して、このことについて、使徒はどのように述べているか。

答)「この言葉は真実です。あなたがこれらのことを力強く主張するように、わたしは望みます。そうすれば、神を信じるようになった人々が、良い行いに励もうと心がけるようになります。これらは良いことであり、人々に有益です。愚かな議論、系図の詮索、争い、律法についての論議を避けなさい。それは無益で、むなしいものだからです。」（テト 3:8-9）

問) 律法の行いによる義認に対して強く反対している使徒パウロは、聖霊による義認について、他の箇所でどのように述べているか。

答)「しかし、主イエス・キリストの名とわたしたちの神の霊によって洗われ、聖なる者とされ、義とされています。」(1 コリ 6:11)［訳注："And such were some of you: but ye are washed, but ye are sanctified, but ye are justified in the name of the Lord Jesus, and by the Spirit of our God." (1 Corinthian 6:11 KJV)、下線は筆者］

問) 律法は、それに従う力も能力も与えてくれず、義に達するものではない。では、福音の下では、律法の正義を内的に完遂するような力は存在しないのか。

答)「肉の弱さのために律法がなしえなかったことを、神はしてくださったのです。つまり、罪を取り除くために御子を罪深い肉と同じ姿でこの世に送り、その肉において罪を罪として処断されたのです。それは、肉ではなく霊に従って歩むわたしたちの内に、律法の要求が満たされるためでした。」(ロマ8:3-4)

問) 聖霊の力によって行われた業とは、新約において示されている [聖徒の] 生の状態ではないのか。

答)「肉に従って生きるなら、あなたがたは死にます。しかし、霊によって体の仕業を絶つならば、あなたがたは生きます。」(ロマ8:13)

問) 使徒はしばしば人々に対して、悔い改めと [聖霊による] 業に基づく新たな生を提示していないか。

答)「だから、自分の罪が消し去られるように、悔い改めて立ち帰りなさい。」(使3:19)

「もし子供であれば、相続人でもあります。神の相続人、しかもキリストと共同の相続人です。キリストと共に苦しむなら、共にその栄光をも受けるからです。」(ロマ8:17)

「次の言葉は真実です。「わたしたちは、キリストと共に死んだのなら、キリストと共に生きるようになる。耐え忍ぶなら、キリストと共に支配するようになる。キリストを否むなら、キリストもわたしたちを否まれる。…だから、今述べた諸悪から自分を清める人は、貴いことに用いられる器になり、聖なるもの、主人に役立つもの、あらゆる善い業のために備えられたものとなるのです。」(2テモ2:11, 12, 21)

「だから、どこから落ちたかを思い出し、悔い改めて初めのころの行いに立ち戻れ。もし悔い改めなければ、わたしはあなたのところへ行って、あなたの燭台をその場所から取りのけてしまおう。」(黙2:5)

問) これらの箇所から分かることは、使徒は単に律法的な正義を排除しているのであって、我々の内なるキリストによって行われた善き業を排除しているわけではない。つまり、彼が他の聖書個所で言うように、律法の正義は義認に必要なものではない。生命の霊によってなされる業は、私たちの力によるものではなく、私たちの内にあられるキリストの力によるものであり、報いに値する善き業である。これらの業は、絶対的な価値があるというわけではないにせよ、恵みの果実であり、神の目に価値ありと判断され、報いの対象となるのではないか。

答）「もし、ある人が正しく、正義と恵みの業を行うなら、すなわち、山の上で偶像の供え物を食べず、イスラエルの家の偶像を仰ぎ見ず、隣人の妻を犯さず、生理中の女性に近づかず、人を抑圧せず、負債者の質物を返し、力ずくで奪わず、飢えた者に自分のパンを与え、裸の者に衣服を着せ、利息を天引きして金を貸さず、高利を取らず、不正から手を引き、人と人との間を真実に裁き、わたしの掟に従って歩み、わたしの裁きを忠実に守るなら、彼こそ正しい人で、彼は必ず生きる、と主なる神は言われる。」（エゼ 18:5-9）

「人の子は、父の栄光に輝いて天使たちと共に来るが、そのとき、それぞれの行いに応じて報いるのである。」（マタ 16:27）

「そこで、ペトロは口を開きこう言った。「神は人を分け隔てなさらないことが、よく分かりました。どんな国の人でも、神を畏れて正しいことを行う人は、神に受け入れられるのです。」（使 10:34-35）

「この怒りは、神が正しい裁きを行われる怒りの日に現れるでしょう。神はおのおのの行いに従ってお報いになります。すなわち、忍耐強く善を行い、栄光と誉れと不滅のものを求める者には、永遠の命をお与えになり、…すべて善を行う者には、ユダヤ人はもとよりギリシア人にも、栄光と誉れと平和が与えられます。」（ロマ 2:5, 6, 7, 10）

「なぜなら、わたしたちは皆、キリストの裁きの座の前に立ち、善であれ悪であれ、めいめい体を住みかとしていたときに行ったことに応じて、報いを受けねばならないからです。」（2 コリ 5:10）

「これは、あなたがたを神の国にふさわしい者とする、神の判定が正しいという証拠です。あなたがたも、神の国のために苦しみを受けているのです。」（2 テサ 1:5）

「しかし、自由をもたらす完全な律法を一心に見つめ、これを守る人は、聞いて忘れてしまう人ではなく、行う人です。このような人は、その行いによって幸せになります。」（ヤコ 1:25）

「だから、自分の確信を捨ててはいけません。この確信には大きな報いがあります。」（ヘブ 10:35）

「また、あなたがたは、人それぞれの行いに応じて公平に裁かれる方を、「父」と呼びかけているのですから、この地上に仮住まいする間、その方を畏れて生活すべきです。」（1 ペテ 1:17）

「見よ、わたしはすぐに来る。わたしは、報いを携えて来て、それぞれの行いに応じて報いる。…命の木に対する権利を与えられ、門を通って都に入れるように、自分の衣を洗い清める者は幸いである。」（黙 22:12, 14）

問）神の子、主イエス・キリストを送られた神の目的は、単に全く外的に負わされた義によってだけでなく、内的に与えられた義、再生の清めによって、人々を救うことのようである。このことに関して、聖書は何と言っているか。

答）「その子をイエスと名付けなさい。この子は自分の民を罪から救うからである。」（マタ 1:21）［訳

注：”And she shall bring forth a son, and thou shalt call his name JESUS: for he shall save <u>his people from their sins.</u>” (Matthew 1:21 KJV)、下線は筆者]

「また、祝福に満ちた希望、すなわち偉大なる神であり、わたしたちの救い主であるイエス・キリストの栄光の現れを待ち望むように教えています。キリストがわたしたちのために御自身を献げられたのは、わたしたちをあらゆる不法から贖い出し、良い行いに熱心な民を御自分のものとして清めるためだったのです。」（テト 2:13-14）

第七章 完全、罪からの自由

問）これまでに引用された聖書箇所から明らかであるが、キリストは、我々の罪のための贖いに加えて、堕落から我々を洗い清める力もまた与えてくださっている。では、我々はこの世において罪の支配から自由になれると期待できるのか。

答）「なぜなら、罪は、もはや、あなたがたを支配することはないからです。」（ロマ6:14）

問）それはなぜか。

答）「あなたがたは律法の下ではなく、恵みの下にいるのです。」（ロマ6:14）

問）ではなぜ、使徒は、「死に定められたこの体から、だれがわたしを救ってくれるでしょうか」と言いながら、罪を嘆いているのか。彼は、彼自身や他の信仰者たちの常なる状態について語っているのか。それとも、単に彼自身が以前に経験したことについて語っているのか。その後、彼は何と言っているか。

答）「従って、今や、キリスト・イエスに結ばれている者は、罪に定められることはありません。キリスト・イエスによって命をもたらす霊の法則が、罪と死との法則からあなたを解放したからです。」
（ロマ8:1-2）
「だれが、キリストの愛からわたしたちを引き離すことができましょう。艱難か。苦しみか。迫害か。飢えか。裸か。危険か。剣か。「わたしたちは、あなたのために　一日中死にさらされ、　屠られる羊のように見られている」と書いてあるとおりです。しかし、これらすべてのことにおいて、わたしたちは、わたしたちを愛してくださる方によって輝かしい勝利を収めています。わたしは確信しています。死も、命も、天使も、支配するものも、現在のものも、未来のものも、力あるものも、高い所にいるものも、低い所にいるものも、他のどんな被造物も、わたしたちの主キリスト・イエスによって示された神の愛から、わたしたちを引き離すことはできないのです。」（ロマ8:35-38）

問）彼の言葉を乱用して、この世にいる限り、罪に陥り続けることを望み、そしてまた、恵みの下でキリストの義の注入によって救われると考えるような人々に対して、使徒はどのように述べているか。

答）「では、どうなのか。わたしたちは、律法の下ではなく恵みの下にいるのだから、罪を犯してよいということでしょうか。決してそうではない。」（ロマ6:15）

問）罪は常なる状態であるとか、または、すべての信仰者の常なる状態であると考えるどころか、使徒は、手紙の相手であるローマの教会の人々が罪から自由であるとさえ考えていないだろうか。この点に関して彼はどう言っているか。

答）「決してそうではない。罪に対して死んだわたしたちが、どうして、なおも罪の中に生きることができるでしょう。それともあなたがたは知らないのですか。キリスト・イエスに結ばれるために洗礼を受けたわたしたちが皆、またその死にあずかるために洗礼を受けたことを。わたしたちは洗礼によってキリストと共に葬られ、その死にあずかるものとなりました。それは、キリストが御父の栄光によって死者の中から復活させられたように、わたしたちも新しい命に生きるためなのです。もし、わたしたちがキリストと一体になってその死の姿にあやかるならば、その復活の姿にもあやかれるでしょう。わたしたちの古い自分がキリストと共に十字架につけられたのは、罪に支配された体が滅ぼされ、もはや罪の奴隷にならないためであると知っています。死んだ者は、罪から解放されています。」（ロマ 6:2-7）

「このように、あなたがたも自分は罪に対して死んでいるが、キリスト・イエスに結ばれて、神に対して生きているのだと考えなさい。従って、あなたがたの死ぬべき体を罪に支配させて、体の欲望に従うようなことがあってはなりません。また、あなたがたの五体を不義のための道具として罪に任せてはなりません。かえって、自分自身を死者の中から生き返った者として神に献げ、また、五体を義のための道具として神に献げなさい。」（ロマ 6:11-13）

「知らないのですか。あなたがたは、だれかに奴隷として従えば、その従っている人の奴隷となる。つまり、あなたがたは罪に仕える奴隷となって死に至るか、神に従順に仕える奴隷となって義に至るか、どちらかなのです。しかし、神に感謝します。あなたがたは、かつては罪の奴隷でしたが、今は伝えられた教えの規範を受け入れ、それに心から従うようになり、罪から解放され、義に仕えるようになりました。あなたがたの肉の弱さを考慮して、分かりやすく説明しているのです。かつて自分の五体を汚れと不法の奴隷として、不法の中に生きていたように、今これを義の奴隷として献げて、聖なる生活を送りなさい。あなたがたは、罪の奴隷であったときは、義に対しては自由の身でした。では、そのころ、どんな実りがありましたか。あなたがたが今では恥ずかしいと思うものです。それらの行き着くところは、死にほかならない。あなたがたは、今は罪から解放されて神の奴隷となり、聖なる生活の実を結んでいます。行き着くところは、永遠の命です。罪が支払う報酬は死です。しかし、神の賜物は、わたしたちの主キリスト・イエスによる永遠の命なのです。」（ロマ 6:16-23）

問）では、神は我々に完全であることを望んでおられるのか。

答）「だから、あなたがたの天の父が完全であられるように、あなたがたも完全な者となりなさい。」

（マタ 5:48）

問）では、掟を守り抜くことは可能なのか。

答）「わたしの軛は負いやすく、わたしの荷は軽いからである。」（マタ 11:30）

「神を愛するとは、神の掟を守ることです。神の掟は難しいものではありません。」（1 ヨハ 5:3）

問）救いのためには、掟を守ることが必要なのか。

答）「命の木に対する権利を与えられ、門を通って都に入れるように、自分の衣を洗い清める者は幸いである。」（黙 22:14）〔訳注：“Blessed are they that do his commandments, that they may have right to the tree of life, and may enter in through the gates into the city.”（Revelation 22:14 KJV）、下線は筆者〕

問）完全の意味とは、掟を守り続け、罪を犯さないということなのか。

答）「罪を犯したことがないと言うなら、それは神を偽り者とすることであり、神の言葉はわたしたちの内にありません。」（1 ヨハ 1:10）

問）完全な者が自分たちには罪がない、それともまた、引用された箇所で使徒が語るように、単にかつて自分たちは罪を犯していたことから、罪があると言うだろうと理解していいのだろうか。そうであったとしても、彼らは罪の赦しに与り、そして、堕落からの清めも知るようになるのだろうか。

答）「自分に罪がないと言うなら、自らを欺いており、真理はわたしたちの内にありません。自分の罪を公に言い表すなら、神は真実で正しい方ですから、罪を赦し、あらゆる不義からわたしたちを清めてくださいます。」（1 ヨハ 1:8-9）

問）この箇所は、先に引用された箇所を比較してみると、容易に理解できる。しかし、この使徒の言葉を誤解したり、ゆがめて考えてしまいがちな人も存在するため、使徒は他の箇所ではどのように述べているだろうか。掟を守らない人でも、神を知り、真のキリスト者であることができるというのが使徒の判断であろうか。

答）「わたしの子たちよ、これらのことを書くのは、あなたがたが罪を犯さないようになるためです。たとえ罪を犯しても、御父のもとに弁護者、正しい方、イエス・キリストがおられます。…わたしたちは、神の掟を守るなら、それによって、神を知っていることが分かります。「神を知っている」と言いながら、神の掟を守らない者は、偽り者で、その人の内には真理はありません。…神の内にいつもいると言う人は、イエスが歩まれたように自らも歩まなければなりません。」（1 ヨハ 2:1, 3, 4, 6）

「愛する者たち、わたしたちは、今既に神の子ですが、自分がどのようになるかは、まだ示されていません。しかし、御子が現れるとき、御子に似た者となるということを知っています。なぜなら、そのとき御子をありのままに見るからです。御子にこの望みをかけている人は皆、御子が清いように、自分を清めます。罪を犯す者は皆、法にも背くのです。罪とは、法に背くことです。あなたがたも知っているように、御子は罪を除くために現れました。御子には罪がありません。御子の内にいつもいる人は皆、罪を犯しません。罪を犯す者は皆、御子を見たこともなく、知ってもいません。子たちよ、だれにも惑わされないようにしなさい。義を行う者は、御子と同じように、正しい人です。罪を犯す者は悪魔に属します。悪魔は初めから罪を犯しているからです。悪魔の働きを滅ぼすためにこそ、神の子が現れたのです。神から生まれた人は皆、罪を犯しません。神の種がこの人の内にいつもあるからです。この人は神から生まれたので、罪を犯すことができません。神の子たちと悪魔の子たちの区別は明らかです。正しい生活をしない者は皆、神に属していません。自分の兄弟を愛さない者も同様です。」(1 ヨハ 3:2-10)

問) これらの箇所から明らかなことは、使徒たちは、世にある限り、罪を求め願うような人々とは異なる精神を確信していたということである。また、彼らは、罪において生き続けているのにもかかわらず、自らを「善きキリスト者」と考える人々の欺瞞に反対しているということである。

答)「わたしに向かって、『主よ、主よ』と言う者が皆、天の国に入るわけではない。わたしの天の父の御心を行う者だけが入るのである。…そこで、わたしのこれらの言葉を聞いて行う者は皆、岩の上に自分の家を建てた賢い人に似ている。」(マタ 7:21, 24)

問) 神の掟を守る必要性について、使徒パウロはどのような信仰を持っているか。

答)「割礼の有無は問題ではなく、大切なのは神の掟を守ることです。」(1 コリ 7:19)

問) 使徒パウロによると、キリストの意図とは、彼の教会と彼の子たちを純粋で汚れなきようにするということではないのか。

答)「天地創造の前に、神はわたしたちを愛して、御自分の前で聖なる者、汚れのない者にしようと、キリストにおいてお選びになりました。」(エペ 1:4)

「夫たちよ、キリストが教会を愛し、教会のために御自分をお与えになったように、妻を愛しなさい。キリストがそうなさったのは、言葉を伴う水の洗いによって、教会を清めて聖なるものとし、しみやしわやそのたぐいのものは何一つない、聖なる、汚れのない、栄光に輝く教会を御自分の前に立たせるためでした。」(エペ 5:25-27)

問）既に引用された箇所以外でも、さらにこの問題〔完全〕についてパウロは主張していないか。

答）「愛する人たち、わたしたちは、このような約束を受けているのですから、肉と霊のあらゆる汚れから自分を清め、神を畏れ、完全に聖なる者となりましょう。」(2 コリ 7:1)

「終わりに、兄弟たち、喜びなさい。完全な者になりなさい。励まし合いなさい。思いを一つにしなさい。平和を保ちなさい。そうすれば、愛と平和の神があなたがたと共にいてくださいます。」(2 コリ 13:11)

「あなたがたの内におられるキリスト、栄光の希望です。このキリストを、わたしたちは宣べ伝えており、すべての人がキリストに結ばれて完全な者となるように、知恵を尽くしてすべての人を諭し、教えています。」(コロ 1:27-28)

「彼は、あなたがたが完全な者となり、神の御心をすべて確信しているようにと、いつもあなたがたのために熱心に祈っています。」(コロ 4:12)

「そして、わたしたちの主イエスが、御自身に属するすべての聖なる者たちと共に来られるとき、あなたがたの心を強め、わたしたちの父である神の御前で、聖なる、非のうちどころのない者としてくださるように、…どうか、平和の神御自身が、あなたがたを全く聖なる者としてくださいますように。また、あなたがたの霊も魂も体も何一つ欠けたところのないものとして守り、わたしたちの主イエス・キリストの来られるとき、非のうちどころのないものとしてくださいますように。」(1 テサ 3:13, 5:23)

問）完全は、まさに神が彼の教会の指導者たちを任命された意図ではないのか。

答）「そして、ある人を使徒、ある人を預言者、ある人を福音宣教者、ある人を牧者、教師とされたのです。こうして、聖なる者たちは奉仕の業に適した者とされ、キリストの体を造り上げてゆき、ついには、わたしたちは皆、神の子に対する信仰と知識において一つのものとなり、成熟した人間になり、キリストの満ちあふれる豊かさになるまで成長するのです。」(エペ 4:11-13)

問）完全が非常に強調されているため、ときには罪から自由だった信仰者もいたというのが〔嘘をつくことのない〕聖書の証ではないか。思うほど、彼らは常に、もしくは日常的に罪を犯していたわけではない。

答）「これはノアの物語である。その世代の中で、ノアは神に従う無垢な人であった。ノアは神と共に歩んだ。」(創 6:9)

「主はサタンに言われた。「お前はわたしの僕ヨブに気づいたか。地上に彼ほどの者はいまい。無垢な正しい人で、神を畏れ、悪を避けて生きている。」」(ヨブ 1:8)

「ユダヤの王ヘロデの時代、アビヤ組の祭司にザカリアという人がいた。その妻はアロン家の娘の一

人で、名をエリサベトといった。二人とも神の前に正しい人で、主の掟と定めをすべて守り、非のうちどころがなかった。」(ルカ 1:5-6)

問) それは、特定の少数の者たちについては十分な証拠であろう。しかし、この性質が大多数の人々にとっても可能なことなのであると聖書は暗に示していないか。

答)「しかし、憐れみ豊かな神は、わたしたちをこの上なく愛してくださり、その愛によって、罪のために死んでいたわたしたちをキリストと共に生かし、——あなたがたの救われたのは恵みによるのです——キリスト・イエスによって共に復活させ、共に天の王座に着かせてくださいました。」(エペ 2:4-6)

「しかし、あなたがたが近づいたのは、シオンの山、生ける神の都、天のエルサレム、無数の天使たちの祝いの集まり、天に登録されている長子たちの集会、すべての人の審判者である神、完全なものとされた正しい人たちの霊」(ヘブ 12:22-23)

「また、わたしが見ていると、見よ、小羊がシオンの山に立っており、小羊と共に十四万四千人の者たちがいて、その額には小羊の名と、小羊の父の名とが記されていた。…彼らは、女に触れて身を汚したことのない者である。彼らは童貞だからである。この者たちは、小羊の行くところへは、どこへでも従って行く。この者たちは、神と小羊に献げられる初穂として、人々の中から贖われた者たちで、その口には偽りがなく、とがめられるところのない者たちである。」(黙 14:1, 4-5)

第八章　堅忍と恵みからの堕落

問) 一度だけ真の恵みに与ったと確信するだけで十分なのか。それとも、さらなる確証が必要なのか。

答)「だから兄弟たち、召されていること、選ばれていることを確かなものとするように、いっそう努めなさい。これらのことを実践すれば、決して罪に陥りません。」(2 ペテ 1:10)

問) 真の恵みに与った者が、堕落を怖れる理由はあるのだろうか。

答)「むしろ、自分の体を打ちたたいて服従させます。それは、他の人々に宣教しておきながら、自分の方が失格者になってしまわないためです。」(1 コリ 9:27)

問) これは、「一度恵みに与れば、常に恵みの状態にある」と語る人々の教えとまったく矛盾している。しかし、使徒パウロは単に自身に対する謙遜からそう言っているのだろうか。それとも、これは他のキリスト者にも当てはまると考えているのだろうか。

答)「兄弟たち、あなたがたのうちに、信仰のない悪い心を抱いて、生ける神から離れてしまう者がないように注意しなさい。あなたがたのうちだれ一人、罪に惑わされてかたくなにならないように、「今日」という日のうちに、日々励まし合いなさい。――」(ヘブ 3:12-13)

「だから、わたしたちはこの安息にあずかるように努力しようではありませんか。さもないと、同じ不従順の例に倣って堕落する者が出るかもしれません。」(ヘブ 4:11)

「一度光に照らされ、天からの賜物を味わい、聖霊にあずかるようになり、神のすばらしい言葉と来るべき世の力とを体験しながら、その後に堕落した者の場合には、再び悔い改めに立ち帰らせることはできません。神の子を自分の手で改めて十字架につけ、侮辱する者だからです。…あなたがたが怠け者とならず、信仰と忍耐とによって、約束されたものを受け継ぐ人たちを見倣う者となってほしいのです。」(ヘブ 6:4-6, 12)

「神の恵みから除かれることのないように、また、苦い根が現れてあなたがたを悩まし、それによって多くの人が汚れることのないように、気をつけなさい。」(ヘブ 12:15)

問) 彼は、単にこれを仮定として語っているのか。それとも、それが可能であるばかりではなく、確かなものとして断言しているのか。

答)「だれも健全な教えを聞こうとしない時が来ます。そのとき、人々は自分に都合の良いことを聞こうと、好き勝手に教師たちを寄せ集め、真理から耳を背け、作り話の方にそれて行くようになります。」(2 テモ 4:3-4)

問) 使徒は、彼の愛するテモテのような人を堕落から守る必要があると考えているのか。

答)「わたしの子テモテ、あなたについて以前預言されたことに従って、この命令を与えます。その預言に力づけられ、雄々しく戦いなさい、信仰と正しい良心とを持って。ある人々は正しい良心を捨て、その信仰は挫折してしまいました。」(1 テモ 1:18-19)

「金銭の欲は、すべての悪の根です。金銭を追い求めるうちに信仰から迷い出て、さまざまのひどい苦しみで突き刺された者もいます。」(1 テモ 6:10)

「その言葉は悪いはれ物のように広がります。その中には、ヒメナイとフィレトがいます。彼らは真理の道を踏み外し、復活はもう起こったと言って、ある人々の信仰を覆しています。」(2 テモ 2:17-18)

問) キリストへの信仰を真に受け入れた人々の多くに関して、このような危険が起こるかもしれないとの畏れの感情を使徒はどこかで表現しているか。

答)「そのとおりです。ユダヤ人は、不信仰のために折り取られましたが、あなたは信仰によって立っています。思い上がってはなりません。むしろ恐れなさい。」(ロマ 11:20)

「"霊"は次のように明確に告げておられます。終わりの時には、惑わす霊と、悪霊どもの教えとに心を奪われ、信仰から脱落する者がいます。」(1 テモ 4:1)

「そこで、わたしも、もはやじっとしていられなくなって、誘惑する者があなたがたを惑わし、わたしたちの労苦が無駄になってしまうのではないかという心配から、あなたがたの信仰の様子を知るために、テモテを派遣したのです。」(1 テサ 3:5)

問) 使徒ペトロは、正しい道を知った者が、後にそれを捨てるかもしれないと考えているか。

答)「彼らは、正しい道から離れてさまよい歩き、ボソルの子バラムが歩んだ道をたどったのです。バラムは不義のもうけを好み、…この者たちは、干上がった泉、嵐に吹き払われる霧であって、彼らには深い暗闇が用意されているのです。彼らは、無意味な大言壮語をします。また、迷いの生活からやっと抜け出て来た人たちを、肉の欲やみだらな楽しみで誘惑するのです。その人たちに自由を与えると約束しながら、自分自身は滅亡の奴隷です。人は、自分を打ち負かした者に服従するものです。わたしたちの主、救い主イエス・キリストを深く知って世の汚れから逃れても、それに再び巻き込まれて打ち負かされるなら、そのような者たちの後の状態は、前よりずっと悪くなります。義の道を知っていながら、自分たちに伝えられた聖なる掟から離れ去るよりは、義の道を知らなかった方が、彼らのためによかったであろうに。ことわざに、「犬は、自分の吐いた物のところへ戻って来る」また、「豚は、体を洗って、また、泥の中を転げ回る」と言われているとおりのことが彼らの身に起こっている

のです。」(2 ペテ 2:15, 17-22)

問) ペトロは、忠実な者でさえも、堕落する可能性があると注意しているか。

答)「それで、愛する人たち、あなたがたはこのことをあらかじめ知っているのですから、不道徳な者たちに唆されて、堅固な足場を失わないように注意しなさい。」(2 ペテ 3:17)

問) 真にキリストの枝である者、つまり、彼の身体の真の一員である者が、後に切り取られるかもしれないのか。

答)「わたしにつながっていない人がいれば、枝のように外に投げ捨てられて枯れる。そして、集められ、火に投げ入れられて焼かれてしまう。」(ヨハ 15:6)

問) では、正しい者が、義から離れる可能性があるのか。

答)「正しい人がその正しさから離れて不正を行い、そのゆえに死ぬなら、それは彼が行った不正のゆえに死ぬのである。」(エゼ 18:26)

「正しい人に向かって、わたしが、『お前は必ず生きる』と言ったとしても、もし彼が自分自身の正しさに頼って不正を行うなら、彼のすべての正しさは思い起こされることがなく、彼の行う不正のゆえに彼は死ぬ。」(エゼ 33:13)

問) 信仰者が、この世において堕落することのない状態に至ることはあるのか。

答)「勝利を得る者を、わたしの神の神殿の柱にしよう。彼はもう決して外へ出ることはない。わたしはその者の上に、わたしの神の名と、わたしの神の都、すなわち、神のもとから出て天から下って来る新しいエルサレムの名、そして、わたしの新しい名を書き記そう。」(黙 3:12)

問) ある人々が、この状態 [完全] にあると保証することが出来るのか。

答)「わたしは確信しています。死も、命も、天使も、支配するものも、現在のものも、未来のものも、力あるものも、高い所にいるものも、低い所にいるものも、他のどんな被造物も、わたしたちの主キリスト・イエスによって示された神の愛から、わたしたちを引き離すことはできないのです。」(ロマ 8:38-39)

第九章　教会と教職

問）教会とは何か。

答）「この手紙を書いています。行くのが遅れる場合、神の家でどのように生活すべきかを知ってもらいたいのです。神の家とは、真理の柱であり土台である生ける神の教会です。」（1テモ3:14-15）

問）教会の頭は誰か。

答）「御父は、わたしたちを闇の力から救い出して、その愛する御子の支配下に移してくださいました。…また、御子はその体である教会の頭です。」（コロ1:13, 18）

「この頭の働きにより、体全体は、節と節、筋と筋とによって支えられ、結び合わされ、神に育てられて成長してゆくのです。」（コロ2:19）

問）どのような人が教会を形成するのか。

答）「キリスト・イエスによって聖なる者とされた人々」（1コリ1:2）

「こうして、主は救われる人々を日々仲間に加え一つにされたのである。」（使2:47）

問）キリストは、奉仕の仕事のために教会において役員を任命されたか。

答）「そこで、「高い所に昇るとき、捕らわれ人を連れて行き、人々に賜物を分け与えられた」と言われています。…そして、ある人を使徒、ある人を預言者、ある人を福音宣教者、ある人を牧者、教師とされたのです。こうして、聖なる者たちは奉仕の業に適した者とされ、キリストの体を造り上げてゆき」（エペ4:8, 11-12）

問）どのような人が、教会の教師や監督となるべきなのか。

答）「だから、監督は、非のうちどころがなく、一人の妻の夫であり、節制し、分別があり、礼儀正しく、客を親切にもてなし、よく教えることができなければなりません。また、酒におぼれず、乱暴でなく、寛容で、争いを好まず、金銭に執着せず、自分の家庭をよく治め、常に品位を保って子供たちを従順な者に育てている人でなければなりません。自分の家庭を治めることを知らない者に、どうして神の教会の世話ができるでしょうか。監督は、信仰に入って間もない人ではいけません。それでは高慢になって悪魔と同じ裁きを受けかねないからです。更に、監督は、教会以外の人々からも良い評判を得ている人でなければなりません。そうでなければ、中傷され、悪魔の罠に陥りかねないからです。」（1テモ3:2-7）

「監督は神から任命された管理者であるので、非難される点があってはならないのです。わがままでなく、すぐに怒らず、酒におぼれず、乱暴でなく、恥ずべき利益をむさぼらず、かえって、客を親切にもてなし、善を愛し、分別があり、正しく、清く、自分を制し、教えに適う信頼すべき言葉をしっかり守る人でなければなりません。そうでないと、健全な教えに従って勧めたり、反対者の主張を論破したりすることもできないでしょう。」(テト 1:7-9)

問) それらの者の義務とは何か。
答)「どうか、あなたがた自身と群れ全体とに気を配ってください。聖霊は、神が御子の血によって御自分のものとなさった神の教会の世話をさせるために、あなたがたをこの群れの監督者に任命なさったのです。」(使 20:28)
「さて、わたしは長老の一人として、また、キリストの受難の証人、やがて現れる栄光にあずかる者として、あなたがたのうちの長老たちに勧めます。あなたがたにゆだねられている、神の羊の群れを牧しなさい。強制されてではなく、神に従って、自ら進んで世話をしなさい。卑しい利得のためにではなく献身的にしなさい。ゆだねられている人々に対して、権威を振り回してもいけません。むしろ、群れの模範になりなさい。」(1 ペテ 5:1-3)

問) 教師や監督は会衆に対して偉そうにすべきではないが、指導者としての役割からも、教師や監督に対する敬意は当然のことではないのか。
答)「よく指導している長老たち、特に御言葉と教えのために労苦している長老たちは二倍の報酬を受けるにふさわしい、と考えるべきです。」(1 テモ 5:17)

問) 真のキリスト者の間においては、すべての者は自ら自身を模範となし、また、彼ら自身が聖霊による促しを受けねばならない。しかし、主において、それぞれが互いに真に従い合うべきではないか。
答)「預言者に働きかける霊は、預言者の意に服するはずです。」(1 コリ 14:32)
「指導者たちの言うことを聞き入れ、服従しなさい。この人たちは、神に申し述べる者として、あなたがたの魂のために心を配っています。彼らを嘆かせず、喜んでそうするようにさせなさい。そうでないと、あなたがたに益となりません。」(ヘブ 13:17)
「兄弟たち、あなたがたにお願いします。あなたがたの間で労苦し、主に結ばれた者として導き戒めている人々を重んじ、また、そのように働いてくれるのですから、愛をもって心から尊敬しなさい。」
(1 テサ 5:12-13)
「同じように、若い人たち、長老に従いなさい。皆互いに謙遜を身に着けなさい。なぜなら、「神は、

高慢な者を敵とし、謙遜な者には恵みをお与えになる」からです。」(1 ペテ 5:5)

問) 真の教師は、教会においてどのように教職の務めを果たすべきか。

答)「あなたがたはそれぞれ、賜物を授かっているのですから、神のさまざまな恵みの善い管理者として、その賜物を生かして互いに仕えなさい。語る者は、神の言葉を語るにふさわしく語りなさい。奉仕をする人は、神がお与えになった力に応じて奉仕しなさい。それは、すべてのことにおいて、イエス・キリストを通して、神が栄光をお受けになるためです。」(1 ペテ 4:10-11)

問) キリストの教会の全ての真の宣教者は、彼らが与った神からの賜物や恵みによって、仕えるべきである。しかし、ある者は、自然的な知恵や才能、人間の学問が、宣教者には絶対的に必要な資格であると考えている。そして、恵みは絶対に必要なものではなく、それがなくとも宣教者となることができると考えている。この点について、聖書は何と言っているか。

答)「監督は神から任命された管理者であるので、非難される点があってはならないのです。わがままでなく、すぐに怒らず、酒におぼれず、乱暴でなく、恥ずべき利益をむさぼらず、かえって、客を親切にもてなし、善を愛し、分別があり、正しく、清く、自分を制し、」(テト 1:7-8)[訳注："For a bishop must be blameless, as the steward of God; not selfwilled, not soon angry, not given to wine, no striker, not given to filthy lucre; But a lover of hospitality, a lover of good men, sober, just, holy, temperate;"(Titus 1:7-8 KJV)、下線は筆者]

問) 神の恵みなしには、人は正しく、清く、真面目で、節度のある者とはなれないと思われる。もしこれらの適性が絶対的に必要であるならば、それらを持ち合わせていない者には資格がないということは確かであろう。聖書は、自然的な知恵や人間の学問の必要性に関して何と言っているか。

答)「知恵のある人はどこにいる。学者はどこにいる。この世の論客はどこにいる。神は世の知恵を愚かなものにされたではないか。世は自分の知恵で神を知ることができませんでした。それは神の知恵にかなっています。そこで神は、宣教という愚かな手段によって信じる者を救おうと、お考えになったのです。」(1 コリ 1:20-21)

問) それゆえ、真の宣教者の説教は自然的な知恵とか学問によるものではないように思われる。良い説教を作るためには、学問の十分な熟練が重要であると考えられている。この点に関する使徒の判断はどうであるのか。

答)「なぜなら、キリストがわたしを遣わされたのは、洗礼を授けるためではなく、福音を告げ知らせ

るためであり、しかも、キリストの十字架がむなしいものになってしまわぬように、言葉の知恵によらないで告げ知らせるためだからです。」(1 コリ 1:17)

「そちらに行ったとき、わたしは衰弱していて、恐れに取りつかれ、ひどく不安でした。わたしの言葉もわたしの宣教も、知恵にあふれた言葉によらず、"霊"と力の証明によるものでした。それは、あなたがたが人の知恵によってではなく、神の力によって信じるようになるためでした。」(1 コリ 2:3-5)

問) 使徒は、人間的な学問の訓練よりも、説教における聖霊の証示と力をより重要視していると思われる。これは、宣教者は、聖霊が語るように説教すべきであるということか。

答)「そして、わたしたちがこれについて語るのも、人の知恵に教えられた言葉によるのではなく、"霊"に教えられた言葉によっています。」(1 コリ 2:13)

「一同は聖霊に満たされ、"霊"が語らせるままに、ほかの国々の言葉で話しだした。」(使 2:4)

問) 宣教者の内で、また、彼らを通して語るのはキリストであるのか。

答)「実は、話すのはあなたがたではなく、あなたがたの中で語ってくださる、父の霊である。」(マタ 10:20)

「実は、話すのはあなたがたではなく、聖霊なのだ。」(マコ 13:11)

「言うべきことは、聖霊がそのときに教えてくださる。」(ルカ 12:12)

「なぜなら、あなたがたはキリストがわたしによって語っておられる証拠を求めているからです。キリストはあなたがたに対しては弱い方でなく、あなたがたの間で強い方です。」(2 コリ 13:3)

問) ある人々によって高く賞賛され、宣教者にとって必要と考えられている学問に関する、パウロの意見はどうか。

答)「人間の言い伝えにすぎない哲学、つまり、むなしいだまし事によって人のとりこにされないように気をつけなさい。それは、世を支配する霊に従っており、キリストに従うものではありません。」（コロ 2:8)

「テモテ、あなたにゆだねられているものを守り、俗悪な無駄話と、不当にも知識と呼ばれている反対論とを避けなさい。」(1 テモ 6:20)

問) 真の宣教者は、自然の人間的な知恵によっては語らないが、このことは彼らの証には知恵がまったく欠けているということを意味するのか。

答)「しかし、わたしたちは、信仰に成熟した人たちの間では知恵を語ります。それはこの世の知恵ではなく、また、この世の滅びゆく支配者たちの知恵でもありません。わたしたちが語るのは、隠されていた、神秘としての神の知恵であり、神がわたしたちに栄光を与えるために、世界の始まる前から定めておられたものです。」(1コリ 2:6-7)

問) なぜ、人は自然の知恵のみによって神のことを語ることが出来ないのか。

答)「人の内にある霊以外に、いったいだれが、人のことを知るでしょうか。同じように、神の霊以外に神のことを知る者はいません。…自然の人は神の霊に属する事柄を受け入れません。その人にとって、それは愚かなことであり、理解できないのです。霊によって初めて判断できるからです。」(1コリ 2:11, 14)

問) これらの聖書箇所は、教職への真の召命は神からのものであると十分に主張している。真の宣教者は、神からの賜物と恵みによって作られる。信仰深い宣教者による真実の効果的な説教は、神の霊の内的な教えと導きから生じる。では、宣教者の生計については何と言っているか。

答)「御言葉を教えてもらう人は、教えてくれる人と持ち物をすべて分かち合いなさい。」(ガラ 6:6)
「わたしたちがあなたがたに霊的なものを蒔いたのなら、あなたがたから肉のものを刈り取ることは、行き過ぎでしょうか。他の人たちが、あなたがたに対するこの権利を持っているとすれば、わたしたちはなおさらそうではありませんか。しかし、わたしたちはこの権利を用いませんでした。かえってキリストの福音を少しでも妨げてはならないと、すべてを耐え忍んでいます。あなたがたは知らないのですか。神殿で働く人たちは神殿から下がる物を食べ、祭壇に仕える人たちは祭壇の供え物の分け前にあずかります。同じように、主は、福音を宣べ伝える人たちには福音によって生活の資を得るようにと、指示されました。」(1コリ 9:11-14)
「聖書には、「脱穀している牛に口籠をはめてはならない」と、また「働く者が報酬を受けるのは当然である」と書かれています。」(1テモ 5:18)

問) これらの聖書箇所は、ちょうど宣教者が信徒たちに霊的なものを述べ伝えるのに対して、信徒は、宣教する者に物質的援助をする義務があることを示している。しかし、それは自発的なものであると思われる。それゆえ、真の宣教者は、そのような援助をしてもらえると確信していようがいまいが、伝道しなければならないのではないか。使徒は、この点について自分自身のことを交えてどう信じているか。また、彼はどのように他の者に忠告しているか。

答)「しかし、わたしはこの権利を何一つ利用したことはありません。こう書いたのは、自分もその権

利を利用したいからではない。それくらいなら、死んだ方がましです……。だれも、わたしのこの誇りを無意味なものにしてはならない。もっとも、わたしが福音を告げ知らせても、それはわたしの誇りにはなりません。そうせずにはいられないことだからです。福音を告げ知らせないなら、わたしは不幸なのです。自分からそうしているなら、報酬を得るでしょう。しかし、強いられてするなら、それは、ゆだねられている務めなのです。では、わたしの報酬とは何でしょうか。それは、福音を告げ知らせるときにそれを無報酬で伝え、福音を伝えるわたしが当然持っている権利を用いないということです。」(1 コリ 9:15-18)

「わたしは、他人の金銀や衣服をむさぼったことはありません。ご存じのとおり、わたしはこの手で、わたし自身の生活のためにも、共にいた人々のためにも働いたのです。あなたがたもこのように働いて弱い者を助けるように、また、主イエス御自身が『受けるよりは与える方が幸いである』と言われた言葉を思い出すようにと、わたしはいつも身をもって示してきました。」(使 20:33-35)

問) 使徒はしばしば、教師の資格の一つは、彼らがお金によって動かされないということと言っている。では、我々は支払いなしには説教をしない教師たちについてどう考えるべきか。霊的な宣教を受けていない者から、強制的に生活費を取り上げる者は誰か。彼らは、キリストの宣教者にふさわしい者か。もしくは、聖書は彼らについて他にどのように語っているか。

答)「この犬どもは強欲で飽くことを知らない。彼らは羊飼いでありながらそれを自覚せず それぞれ自分の好む道に向かい 自分の利益を追い求める者ばかりだ。」(イザ 56:11)

「人の子よ、イスラエルの牧者たちに対して預言し、牧者である彼らに語りなさい。主なる神はこう言われる。災いだ、自分自身を養うイスラエルの牧者たちは。牧者は群れを養うべきではないか。お前たちは乳を飲み、羊毛を身にまとい、肥えた動物を屠るが、群れを養おうとはしない。… わたしは生きている、と主なる神は言われる。まことに、わたしの群れは略奪にさらされ、わたしの群れは牧者がいないため、あらゆる野の獣の餌食になろうとしているのに、わたしの牧者たちは群れを探しもしない。牧者は群れを養わず、自分自身を養っている。」(エゼ 34:2-3, 8)

「わが民を迷わす預言者たちに対して 主はこう言われる。彼らは歯で何かをかんでいる間は 平和を告げるが その口に何も与えない人には 戦争を宣言する。…頭たちは賄賂を取って裁判をし 祭司たちは代価を取って教え 預言者たちは金を取って託宣を告げる。しかも主を頼りにして言う。「主が我らの中におられるではないか 災いが我々に及ぶことはない」と。」(ミカ 3:5, 11)

問) これらは、旧約の預言者たちの明白な証言である。使徒たちによる同様の証言はないのだろうか。

答)「絶え間ない言い争いが生じるのです。これらは、精神が腐り、真理に背を向け、信心を利得の道

と考える者の間で起こるものです。もっとも、信心は、満ち足りることを知る者には、大きな利得の道です。なぜならば、わたしたちは、何も持たずに世に生まれ、世を去るときは何も持って行くことができないからです。食べる物と着る物があれば、わたしたちはそれで満足すべきです。金持ちになろうとする者は、誘惑、罠、無分別で有害なさまざまの欲望に陥ります。その欲望が、人を滅亡と破滅に陥れます。金銭の欲は、すべての悪の根です。金銭を追い求めるうちに信仰から迷い出て、さまざまのひどい苦しみで突き刺された者もいます。」(1 テモ 6:5-10)

「そのとき、人々は自分自身を愛し、金銭を愛し、ほらを吹き、高慢になり、神をあざけり、両親に従わず、恩を知らず、神を畏れなくなります。」(2 テモ 3:2)

「実は、不従順な者、無益な話をする者、人を惑わす者が多いのです。」(テト 1:10)

「かつて、民の中に偽預言者がいました。同じように、あなたがたの中にも偽教師が現れるにちがいありません。彼らは、滅びをもたらす異端をひそかに持ち込み、自分たちを贖ってくださった主を拒否しました。自分の身に速やかな滅びを招いており、しかも、多くの人が彼らのみだらな楽しみを見倣っています。彼らのために真理の道はそしられるのです。彼らは欲が深く、うそ偽りであなたがたを食い物にします。このような者たちに対する裁きは、昔から怠りなくなされていて、彼らの滅びも滞ることはありません。…その目は絶えず姦通の相手を求め、飽くことなく罪を重ねています。彼らは心の定まらない人々を誘惑し、その心は強欲におぼれ、呪いの子になっています。彼らは、正しい道から離れてさまよい歩き、ボソルの子バラムが歩んだ道をたどったのです。バラムは不義のもうけを好み、」(2 ペテ 2:1-3, 14-15)

「不幸な者たちです。彼らは「カインの道」をたどり、金もうけのために「バラムの迷い」に陥り、「コラの反逆」によって滅んでしまうのです。…こういう者たちは、自分の運命について不平不満を鳴らし、欲望のままにふるまい、大言壮語し、利益のために人にこびへつらいます。」(ユダ 1:11, 16)

問) 神の教会に秩序はあるべきか。

答)「すべてを適切に、秩序正しく行いなさい。」(1 コリ 14:40)

問) 説教者に関して、教会内においてどのような良き秩序が指示されているか。ただ独りの者が語るのが適切であるのか、二人が語るのがそうなのか。それとも、多くの者が、彼らがそうするように導かれたならば、語っても良いのだろうか。

答)「座っている他の人に啓示が与えられたら、先に語りだしていた者は黙りなさい。皆が共に学び、皆が共に励まされるように、一人一人が皆、預言できるようにしなさい。…神は無秩序の神ではなく、平和の神だからです。聖なる者たちのすべての教会でそうであるように」(1 コリ 14:30-31, 33)

問）福音のもとでは、息子たちだけでなく、娘たちもまた預言すると約束されているのか。

答）「その後　わたしはすべての人にわが霊を注ぐ。あなたたちの息子や娘は預言し　老人は夢を見、若者は幻を見る。」（ヨエ3:1）

問）この約束は果たされたか。それとも、これから果たされるのか。

答）「そうではなく、これこそ預言者ヨエルを通して言われていたことなのです。『神は言われる。終わりの時に、わたしの霊をすべての人に注ぐ。すると、あなたたちの息子と娘は預言し、若者は幻を見、老人は夢を見る。」（使2:16-17）

問）この出来事に関する聖書には何か古い例があるのか。

答）「この人には預言をする四人の未婚の娘がいた。」（使21:9）

問）すべての女性が語って良いのか。それとも教会では沈黙しているように命じられている者も中にはいるのか。

答）「聖なる者たちのすべての教会でそうであるように、婦人たちは、教会では黙っていなさい。婦人たちには語ることが許されていません。律法も言っているように、婦人たちは従う者でありなさい。何か知りたいことがあったら、家で自分の夫に聞きなさい。婦人にとって教会の中で発言するのは、恥ずべきことです。」（1コリ14:33-35）

「婦人は、静かに、全く従順に学ぶべきです。婦人が教えたり、男の上に立ったりするのを、わたしは許しません。むしろ、静かにしているべきです。」（1テモ2:11-12）

問）これらの最初の引用は、夫がいる婦人についてのみ関係しているようである。未婚の女性はどうすればいいのか。第二の文章は、教会についての言及ではなく、単に女性は男性に対する権力を占有すべきではないことについて語っているのである。これにはある種の制限はないのか。この同じ使徒が、女性が語る際に、教会においてどのように振る舞うべきかの指示を与えていないか。

答）「男はだれでも祈ったり、預言したりする際に、頭に物をかぶるなら、自分の頭を侮辱することになります。女はだれでも祈ったり、預言したりする際に、頭に物をかぶらないなら、その頭を侮辱することになります。それは、髪の毛をそり落としたのと同じだからです。」（1コリ11:4-5）

第十章　礼拝

問）どのような礼拝が、神に受け入れられる礼拝か。

答）「しかし、まことの礼拝をする者たちが、霊と真理をもって父を礼拝する時が来る。今がその時である。なぜなら、父はこのように礼拝する者を求めておられるからだ。神は霊である。だから、神を礼拝する者は、霊と真理をもって礼拝しなければならない。」(ヨハ 4:23-24)

問）祈りは礼拝の一部をなす。では、我々はいつ祈るべきであるのか。

答）「イエスは、気を落とさずに絶えず祈らなければならないことを教えるために、弟子たちにたとえを話された。」(ルカ 18:1)

「絶えず祈りなさい。」(1 テサ 5:17)

問）神は、彼を呼び求めるある仕方を高く評価したまうのか。

答）「ユダヤ人とギリシア人の区別はなく、すべての人に同じ主がおられ、御自分を呼び求めるすべての人を豊かにお恵みになるからです。」(ロマ 10:12)

問）神は、彼を呼び求めるすべての者の祈りを聞いてくださるのか。

答）「主を呼ぶ人すべてに近くいまし　まことをもって呼ぶ人すべてに近くいまし」(詩 145:18)

「主は逆らう者に遠くいますが　従う者の祈りを聞いてくださる。」(箴 15:29)

「神は罪人の言うことはお聞きにならないと、わたしたちは承知しています。しかし、神をあがめ、その御心を行う人の言うことは、お聞きになります。」(ヨハ 9:31)

「何事でも神の御心に適うことをわたしたちが願うなら、神は聞き入れてくださる。これが神に対するわたしたちの確信です。」(1 ヨハ 5:14)

問）使徒は、どのような仕方で祈るといっているのか。

答）「では、どうしたらよいのでしょうか。霊で祈り、理性でも祈ることにしましょう。霊で賛美し、理性でも賛美することにしましょう。」(1 コリ 14:15)

問）我々は常に霊の導きにおいて祈らなければならないのか。

答）「どのような時にも、"霊"に助けられて祈り、願い求め、すべての聖なる者たちのために、絶えず目を覚まして根気よく祈り続けなさい。」(エペ 6:18)

問) 我々は常に霊において祈るように命じられているが、聖霊の助けなしに自分自身で祈ることはできないのか。

答)「同様に、"霊"も弱いわたしたちを助けてくださいます。わたしたちはどう祈るべきかを知りませんが、"霊"自らが、言葉に表せないうめきをもって執り成してくださるからです。人の心を見抜く方は、"霊"の思いが何であるかを知っておられます。"霊"は、神の御心に従って、聖なる者たちのために執り成してくださるからです。」(ロマ 8:26-27)

問) 聖霊の導きなしの祈りは価値がないのは明らかである。聖霊の助けなしに人間がなし得る霊的な事柄は、存在するのか。

答)「ここであなたがたに言っておきたい。神の霊によって語る人は、だれも「イエスは神から見捨てられよ」とは言わないし、また、聖霊によらなければ、だれも「イエスは主である」とは言えないのです。」(1 コリ 12:3)

問) これは奇妙なことだ。多くの名ばかりのキリスト者が考えるよりも、聖霊はもっと重要なものと思われる。彼らの中には、彼らが聖霊を受けているかどうかについても、ほとんど十分に説明できない者もいる。しかし、彼らが真実を語ったとして、それらが聖霊の助けなしに語られたとしても、それらの真実の言葉はやはり真実の言葉ではないのか。

答)「「主は生きておられる」と言って誓うからこそ　彼らの誓いは偽りの誓いとなるのだ。」(エレ 5:2)

問) これらの聖書の記述から明らかなことは、神の真の礼拝は霊の導きにおいてあるということである。したがって、礼拝は特定の場所、特定の時間に限定されないのである。特定の日を守ることを求める人々についてどう考えるべきなのか。

答)「しかし、今は神を知っている、いや、むしろ神から知られているのに、なぜ、あの無力で頼りにならない支配する諸霊の下に逆戻りし、もう一度改めて奴隷として仕えようとしているのですか。あなたがたは、いろいろな日、月、時節、年などを守っています。あなたがたのために苦労したのは、無駄になったのではなかったかと、あなたがたのことが心配です。」(ガラ 4;9-11)

「だから、あなたがたは食べ物や飲み物のこと、また、祭りや新月や安息日のことでだれにも批評されてはなりません。これらは、やがて来るものの影にすぎず、実体はキリストにあります。」(コロ 2:16-17)

問) そうであるならば、あるキリスト者がある特定の日を尊重する一方で、別のキリスト者がすべての日を同様に尊重することは適切なことだろうか。使徒は、この点について何らかの指示を与えているのか。

答) 「ある日を他の日よりも尊ぶ人もいれば、すべての日を同じように考える人もいます。それは、各自が自分の心の確信に基づいて決めるべきことです。特定の日を重んじる人は主のために重んじる。食べる人は主のために食べる。神に感謝しているからです。また、食べない人も、主のために食べない。そして、神に感謝しているのです。」(ロマ 14:5-6)

問) 共に集い神を礼拝するために、特定の日を指定することは、便利なことであるし、必要なことではないのか。使徒たちや初期のキリスト者は、寄付を集め、礼拝するために、週の初めの日に集っていたのではないか。

答) 「聖なる者たちのための募金については、わたしがガラテヤの諸教会に指示したように、あなたがたも実行しなさい。わたしがそちらに着いてから初めて募金が行われることのないように、週の初めの日にはいつも、各自収入に応じて、幾らかずつでも手もとに取って置きなさい。」(1 コリ 16:1-2)

第十一章　洗礼、パンとぶどう酒

問) いくつの洗礼があるのか。

答)「主は一人、信仰は一つ、洗礼は一つ」(エペ4:5)

問) 洗礼とは何か。

答)「この水で前もって表された洗礼は、今やイエス・キリストの復活によってあなたがたをも救うのです。洗礼は、肉の汚れを取り除くことではなくて、神に正しい良心を願い求めることです。キリストは、天に上って神の右におられます。天使、また権威や勢力は、キリストの支配に服しているのです。」(1ペテ3:21-22)

問) 洗礼者ヨハネは、キリストの洗礼について何と言っているか。彼は、キリストの洗礼と彼自身の洗礼とをどのように区別しているか。

答)「わたしは、悔い改めに導くために、あなたたちに水で洗礼を授けているが、わたしの後から来る方は、わたしよりも優れておられる。わたしは、その履物をお脱がせする値打ちもない。その方は、聖霊と火であなたたちに洗礼をお授けになる。」(マタ3:11)

問) キリストも同じ区別をされなかったか。

答)「彼らと食事を共にしていたとき、こう命じられた。「エルサレムを離れず、前にわたしから聞いた、父の約束されたものを待ちなさい。ヨハネは水で洗礼を授けたが、あなたがたは間もなく聖霊による洗礼を授けられるからである。」」(使1:4-5)

問) 使徒ペトロもこれについて言わなかったか。

答)「わたしが話しだすと、聖霊が最初わたしたちの上に降ったように、彼らの上にも降ったのです。そのとき、わたしは、『ヨハネは水で洗礼を授けたが、あなたがたは聖霊によって洗礼を受ける』と言っておられた主の言葉を思い出しました。」(使11:15-16)

問) ヨハネの洗礼は、キリストの洗礼に道を譲るために終わらねばならなかったと思われる。

答)「あの方は栄え、わたしは衰えねばならない。」(ヨハ3:30)

問) 多くの者が水を振りかけられ、水に浸されているが、しかし、いまだキリストの洗礼によって真

に洗礼を受けていないだろう。キリストの洗礼によって洗礼に与った者における、真実の効果とは何か。

答)「それともあなたがたは知らないのですか。キリスト・イエスに結ばれるために洗礼を受けたわたしたちが皆、またその死にあずかるために洗礼を受けたことを。わたしたちは洗礼によってキリストと共に葬られ、その死にあずかるものとなりました。それは、キリストが御父の栄光によって死者の中から復活させられたように、わたしたちも新しい命に生きるためなのです。」(ロマ 6:3-4)
「洗礼を受けてキリストに結ばれたあなたがたは皆、キリストを着ているからです。」(ガラ 3:27)
「洗礼によって、キリストと共に葬られ、また、キリストを死者の中から復活させた神の力を信じて、キリストと共に復活させられたのです。」(コロ 2:12)

問)洗礼のヨハネ自身がキリストの洗礼と区別した、水の洗礼というものがあると思われる。同様のことが、キリストによって弟子たちがキリストを記念するものとして命じられた、パンを食しぶどう酒を飲むという行為にもあるのではないか。

答)「わたしがあなたがたに伝えたことは、わたし自身、主から受けたものです。すなわち、主イエスは、引き渡される夜、パンを取り、感謝の祈りをささげてそれを裂き、「これは、あなたがたのためのわたしの体である。わたしの記念としてこのように行いなさい」と言われました。また、食事の後で、杯も同じようにして、「この杯は、わたしの血によって立てられる新しい契約である。飲む度に、わたしの記念としてこのように行いなさい」と言われました。」(1 コリ 11:23-25)

問)これはどのくらい続くものか。

答)「あなたがたは、このパンを食べこの杯を飲むごとに、主が来られるときまで、主の死を告げ知らせるのです。」(1 コリ 11:26)

問)キリストは弟子たちのところに再びやってくると約束されたのか。

答)「わたしは、あなたがたをみなしごにはしておかない。あなたがたのところに戻って来る。…イエスはこう答えて言われた。「わたしを愛する人は、わたしの言葉を守る。わたしの父はその人を愛され、父とわたしとはその人のところに行き、一緒に住む。」(ヨハ 14:18, 23)

問)これは内的な到来であるのか。

答)「かの日には、わたしが父の内におり、あなたがたがわたしの内におり、わたしもあなたがたの内にいることが、あなたがたに分かる。」(ヨハ 14:20)

54

問）水による洗礼は、キリストが再び内的に到来した後でも、コリント教会で実践されていたようである。昔の聖人によって積極的に命じられ、熱心に意識的に実行されていたのであるが、永遠に続くことなく、もはや教会では実行される必要のない行いはあったのか。

答）「ところで、主であり、師であるわたしがあなたがたの足を洗ったのだから、あなたがたも互いに足を洗い合わなければならない。わたしがあなたがたにしたとおりに、あなたがたもするようにと、模範を示したのである。」（ヨハ 13:14-15）

「聖霊とわたしたちは、次の必要な事柄以外、一切あなたがたに重荷を負わせないことに決めました。すなわち、偶像に献げられたものと、血と、絞め殺した動物の肉と、みだらな行いとを避けることです。以上を慎めばよいのです。健康を祈ります。」（使 15:28-29）

「あなたがたの中で病気の人は、教会の長老を招いて、主の名によってオリーブ油を塗り、祈ってもらいなさい。」（ヤコ 5:14）

問）これらの掟 [洗足など] は、他のものと同様に積極的な掟である。中には、聖霊主導の生活にとって本質的だと言われるものもあるし、性的不道徳を慎むのと同程度の重要性しかないものもある。しかし、多くのプロテスタントは、これらの掟を永続させる必要性がないものと考えてきた。では、他の聖書箇所で、特にパンとぶどう酒による儀式を続ける必要がないということを語っている箇所はあるか。

答）「神の国は、飲み食いではなく、聖霊によって与えられる義と平和と喜びなのです。」（ロマ 14:17）

「だから、あなたがたは食べ物や飲み物のこと、また、祭りや新月や安息日のことでだれにも批評されてはなりません。…あなたがたは、キリストと共に死んで、世を支配する諸霊とは何の関係もないのなら、なぜ、まだ世に属しているかのように生き、「手をつけるな。味わうな。触れるな」などという戒律に縛られているのですか。これらはみな、使えば無くなってしまうもの、人の規則や教えによるものです。」（コロ 2:16, 20-22）

問）これらの箇所は、これらの掟を続けるべきであるというのと同じくらい明白にこれらの必要性をも語っている。では、信仰者が養われるべきパンとは一体何なのか。

答）「すると、イエスは言われた。「はっきり言っておく。モーセが天からのパンをあなたがたに与えたのではなく、わたしの父が天からのまことのパンをお与えになる。神のパンは、天から降って来て、世に命を与えるものである。」そこで、彼らが、「主よ、そのパンをいつもわたしたちにください」と言うと、イエスは言われた。「わたしが命のパンである。わたしのもとに来る者は決して飢えることがなく、わたしを信じる者は決して渇くことがない。」（ヨハ 6:32-35）

「わたしは命のパンである。あなたたちの先祖は荒れ野でマンナを食べたが、死んでしまった。しかし、これは、天から降って来たパンであり、これを食べる者は死なない。わたしは、天から降って来た生きたパンである。このパンを食べるならば、その人は永遠に生きる。わたしが与えるパンとは、世を生かすためのわたしの肉のことである。」それで、ユダヤ人たちは、「どうしてこの人は自分の肉を我々に食べさせることができるのか」と、互いに激しく議論し始めた。イエスは言われた。「はっきり言っておく。人の子の肉を食べ、その血を飲まなければ、あなたたちの内に命はない。わたしの肉を食べ、わたしの血を飲む者は、永遠の命を得、わたしはその人を終わりの日に復活させる。わたしの肉はまことの食べ物、わたしの血はまことの飲み物だからである。わたしの肉を食べ、わたしの血を飲む者は、いつもわたしの内におり、わたしもまたいつもその人の内にいる。生きておられる父がわたしをお遣わしになり、またわたしが父によって生きるように、わたしを食べる者もわたしによって生きる。これは天から降って来たパンである。先祖が食べたのに死んでしまったようなものとは違う。このパンを食べる者は永遠に生きる。」」（ヨハ 6:48-58）

第十二章　キリスト者の生活

問）真の宗教とは何か。

答）「みなしごや、やもめが困っているときに世話をし、世の汚れに染まらないように自分を守ること、これこそ父である神の御前に清く汚れのない信心です。」(ヤコ 1:27)

問）宗教は人に何を求めているのか。

答）「人よ、何が善であり　主が何をお前に求めておられるかは　お前に告げられている。正義を行い、慈しみを愛し　へりくだって神と共に歩むこと、これである。」(ミカ 6:8)

「わたしが顧みるのは　苦しむ人、霊の砕かれた人　わたしの言葉におののく人。」(イザ 66:2)

問）神は、クエーカー［震えるもの］と呼ばれる人々、すなわち、神の言葉におののく者たちに対して何を求めておられるか。神の言葉に震えた昔の信仰者たちの間で行われていたことは何かあったか。

答）「イスラエルの神の裁きの言葉を恐れる者は皆」(エズ 9:4)

「今、わたしの主の勧めと、神の御命令を畏れ敬う方々の勧めに従ってわたしたちは神と契約を結び、その嫁と嫁の産んだ子をすべて離縁いたします。律法に従って行われますように。」(エズ 10:3)

問）エズラは明らかに、震える者たちを愛し、高く評価していたと思われる。というのは、エズラは忠告を守らせたからである。他の預言者で、神の民として震える者、もしくはおののく者について言及している者はいるか。

答）「御言葉におののく人々よ、主の御言葉を聞け。あなたたちの兄弟、あなたたちを憎む者　わたしの名のゆえに　あなたたちを追い払った者が言う　主が栄光を現されるように　お前たちの喜ぶところを見せてもらおう、と。彼らは、恥を受ける。」(イザ 66:5)

「わたしがこの都に与える大いなる恵みについて世界のすべての国々が聞くとき、この都はわたしに喜ばしい名声、賛美の歌、輝きをもたらすものとなる。彼らは、わたしがこの都に与える大いなる恵みと平和とを見て、恐れおののくであろう。」(エレ 33:9)

問）預言者たちは、クエーカー［震えるもの］に対して善きことを約束した。おののくことも震えることもない者に対して、何が起こったか。

答）「「愚かで、心ない民よ、これを聞け。目があっても、見えず　耳があっても、聞こえない民。わたしを畏れ敬いもせず　わたしの前におののきもしないのかと　主は言われる。」(エレ 5:21-22)

問) では、全ての神の子はクエーカー［震えるもの］であるのか。また、我々は、律法の下でも、今現在では、福音の下でも、救いのために震えおののくように命じられているのか。

答)「畏れ敬って、主に仕え　おののきつつ、喜び躍れ。」(詩 2:11)

「わたしは以下のとおりに定める。この王国全域において、すべての民はダニエルの神を恐れかしこまなければならない。この神は生ける神、世々にいまし　その主権は滅びることなく、その支配は永遠。」(ダニ 6:27)

「恐れおののきつつ自分の救いを達成するように努めなさい。」(ピリ 2:12)

問) 主要な掟は何か。

答)「イエスは言われた。『心を尽くし、精神を尽くし、思いを尽くして、あなたの神である主を愛しなさい。』これが最も重要な第一の掟である。第二も、これと同じように重要である。『隣人を自分のように愛しなさい。』律法全体と預言者は、この二つの掟に基づいている。」」(マタ 22:37-40)

問) キリスト者は、まず何を求めるべきであるのか。

答)「何よりもまず、神の国と神の義を求めなさい。そうすれば、これらのものはみな加えて与えられる。」(マタ 6:33)

問) キリスト者は、この世においてどのように振る舞うべきか。

答)「兄弟たち、わたしはこう言いたい。定められた時は迫っています。今からは、妻のある人はない人のように、泣く人は泣かない人のように、喜ぶ人は喜ばない人のように、物を買う人は持たない人のように、世の事にかかわっている人は、かかわりのない人のようにすべきです。この世の有様は過ぎ去るからです。」(1 コリ 7:29-31)

問) キリスト者の男女にふさわしい振る舞いについて、使徒パウロは何か言葉を加えているか。

答)「だから、わたしが望むのは、男は怒らず争わず、清い手を上げてどこででも祈ることです。同じように、婦人はつつましい身なりをし、慎みと貞淑をもって身を飾るべきであり、髪を編んだり、金や真珠や高価な着物を身に着けたりしてはなりません。むしろ、善い業で身を飾るのが、神を敬うと公言する婦人にふさわしいことです。」(1 テモ 2:8-10)

問) 使徒パウロは、キリスト者の無駄な虚栄や華美な服装に強く反対している。使徒ペテロは、このことについて何と言っているか。

答）「あなたがたの装いは、編んだ髪や金の飾り、あるいは派手な衣服といった外面的なものであってはなりません。むしろそれは、柔和でしとやかな気立てという朽ちないもので飾られた、内面的な人柄であるべきです。このような装いこそ、神の御前でまことに価値があるのです。」(1ペテ3:3-4)

問) この点に関してペトロははっきりしている。しかし、キリスト者間での敬意について聖書はどのように語っているか。

答）「わたしの兄弟たち、栄光に満ちた、わたしたちの主イエス・キリストを信じながら、人を分け隔てしてはなりません。あなたがたの集まりに、金の指輪をはめた立派な身なりの人が入って来、また、汚らしい服装の貧しい人も入って来るとします。その立派な身なりの人に特別に目を留めて、「あなたは、こちらの席にお掛けください」と言い、貧しい人には、「あなたは、そこに立っているか、わたしの足もとに座るかしていなさい」と言うなら、あなたがたは、自分たちの中で差別をし、誤った考えに基づいて判断を下したことになるのではありませんか。わたしの愛する兄弟たち、よく聞きなさい。神は世の貧しい人たちをあえて選んで、信仰に富ませ、御自身を愛する者に約束された国を、受け継ぐ者となさったではありませんか。だが、あなたがたは、貧しい人を辱めた。富んでいる者たちこそ、あなたがたをひどい目に遭わせ、裁判所へ引っ張って行くではありませんか。また彼らこそ、あなたがたに与えられたあの尊い名を、冒涜しているではないですか。もしあなたがたが、聖書に従って、「隣人を自分のように愛しなさい」という最も尊い律法を実行しているのなら、それは結構なことです。しかし、人を分け隔てするなら、あなたがたは罪を犯すことになり、律法によって違犯者と断定されます」(ヤコ2:1-9)

問) これは、貧富や生まれによってキリスト者を等級づけることに対する、十分な批判の言葉である。しかし、キリスト者は、主人と召使いとの間のような社会的関係を重んじるべきではなかったか。この点に関して、使徒たちはどのような忠告を与えているか。

答）「奴隷たち、キリストに従うように、恐れおののき、真心を込めて、肉による主人に従いなさい。人にへつらおうとして、うわべだけで仕えるのではなく、キリストの奴隷として、心から神の御心を行い、人にではなく主に仕えるように、喜んで仕えなさい。あなたがたも知っているとおり、奴隷であっても自由な身分の者であっても、善いことを行えば、だれでも主から報いを受けるのです。主人たち、同じように奴隷を扱いなさい。彼らを脅すのはやめなさい。あなたがたも知っているとおり、彼らにもあなたがたにも同じ主人が天におられ、人を分け隔てなさらないのです。」(エペ6:5-9、コロ3:22-25, 4:1も参照せよ)

「軛の下にある奴隷の身分の人は皆、自分の主人を十分尊敬すべきものと考えなければなりません。

それは、神の御名とわたしたちの教えが冒涜されないようにするためです。主人が信者である場合は、自分の信仰上の兄弟であるからといって軽んぜず、むしろ、いっそう熱心に仕えるべきです。その奉仕から益を受ける主人は信者であり、神に愛されている者だからです。」(1 テモ 6:1-2)

「奴隷には、あらゆる点で自分の主人に服従して、喜ばれるようにし、反抗したり、盗んだりせず、常に忠実で善良であることを示すように勧めなさい。そうすれば、わたしたちの救い主である神の教えを、あらゆる点で輝かすことになります。」(テト 2:9-10)

「召し使いたち、心からおそれ敬って主人に従いなさい。善良で寛大な主人にだけでなく、無慈悲な主人にもそうしなさい。不当な苦しみを受けることになっても、神がそうお望みだとわきまえて苦痛を耐えるなら、それは御心に適うことなのです。罪を犯して打ちたたかれ、それを耐え忍んでも、何の誉れになるでしょう。しかし、善を行って苦しみを受け、それを耐え忍ぶなら、これこそ神の御心に適うことです。あなたがたが召されたのはこのためです。というのは、キリストもあなたがたのために苦しみを受け、その足跡に続くようにと、模範を残されたからです。」(1 ペテ 2:18-21)

問) 親と子どもとの関係について、聖書はどのようなふさわしい忠告を与えているか。

答) 「子供たち、主に結ばれている者として両親に従いなさい。それは正しいことです。「父と母を敬いなさい。」これは約束を伴う最初の掟です。「そうすれば、あなたは幸福になり、地上で長く生きることができる」という約束です。父親たち、子供を怒らせてはなりません。主がしつけ諭されるように、育てなさい。」(エペ 6:1-4)

「子供たち、どんなことについても両親に従いなさい。それは主に喜ばれることです。父親たち、子供をいらだたせてはならない。いじけるといけないからです。」(コロ 3:20-21)

問) 夫と妻の関係はどうあるべきか。

答) 「妻たちよ、主に仕えるように、自分の夫に仕えなさい。キリストが教会の頭であり、自らその体の救い主であるように、夫は妻の頭だからです。また、教会がキリストに仕えるように、妻もすべての面で夫に仕えるべきです。夫たちよ、キリストが教会を愛し、教会のために御自分をお与えになったように、妻を愛しなさい。…そのように夫も、自分の体のように妻を愛さなくてはなりません。妻を愛する人は、自分自身を愛しているのです。… 「それゆえ、人は父と母を離れてその妻と結ばれ、二人は一体となる。」…いずれにせよ、あなたがたも、それぞれ、妻を自分のように愛しなさい。妻は夫を敬いなさい。」(エペ 5:22-25, 28, 31, 33)

「夫たちよ、妻を愛しなさい。つらく当たってはならない。」(コロ 3:19)

「同じように、妻たちよ、自分の夫に従いなさい。夫が御言葉を信じない人であっても、妻の無言の

行いによって信仰に導かれるようになるためです。神を畏れるあなたがたの純真な生活を見るからです。… 同じように、夫たちよ、妻を自分よりも弱いものだとわきまえて生活を共にし、命の恵みを共に受け継ぐ者として尊敬しなさい。そうすれば、あなたがたの祈りが妨げられることはありません。」（1 ペテ 3:1-2, 7）

問）真のキリスト者の鎧とは何か。また、何をもって彼らは戦うべきであるのか。

答）「悪魔の策略に対抗して立つことができるように、神の武具を身に着けなさい。わたしたちの戦いは、血肉を相手にするものではなく、支配と権威、暗闇の世界の支配者、天にいる悪の諸霊を相手にするものなのです。だから、邪悪な日によく抵抗し、すべてを成し遂げて、しっかりと立つことができるように、神の武具を身に着けなさい。立って、真理を帯として腰に締め、正義を胸当てとして着け、平和の福音を告げる準備を履物としなさい。なおその上に、信仰を盾として取りなさい。それによって、悪い者の放つ火の矢をことごとく消すことができるのです。また、救いを兜としてかぶり、霊の剣、すなわち神の言葉を取りなさい。」（エペ 6:11-17）

問）キリスト者の武器とは何か。その目的は何か。

答）「わたしたちは肉において歩んでいますが、肉に従って戦うのではありません。わたしたちの戦いの武器は肉のものではなく、神に由来する力であって要塞も破壊するに足ります。わたしたちは理屈を打ち破り、神の知識に逆らうあらゆる高慢を打ち倒し、あらゆる思惑をとりこにしてキリストに従わせ、」（2 コリ 10:3-5）

問）キリスト者相互の間に争いや妬みがあるべきなのか。

答）「あなたがたの中で、知恵があり分別があるのはだれか。その人は、知恵にふさわしい柔和な行いを、立派な生き方によって示しなさい。しかし、あなたがたは、内心ねたみ深く利己的であるなら、自慢したり、真理に逆らってうそをついたりしてはなりません。そのような知恵は、上から出たものではなく、地上のもの、この世のもの、悪魔から出たものです。ねたみや利己心のあるところには、混乱やあらゆる悪い行いがあるからです。上から出た知恵は、何よりもまず、純真で、更に、温和で、優しく、従順なものです。憐れみと良い実に満ちています。偏見はなく、偽善的でもありません。義の実は、平和を実現する人たちによって、平和のうちに蒔かれるのです。」（ヤコ 3:13-18）

問）戦争は、キリスト者の間で戦われるべきか。何が戦争を起こすのか。

答）「何が源因で、あなたがたの間に戦いや争いが起こるのですか。あなたがた自身の内部で争い合う

欲望が、その原因ではありませんか。あなたがたは、欲しても得られず、人を殺します。また、熱望しても手に入れることができず、争ったり戦ったりします。得られないのは、願い求めないからで」す。(ヤコ 4:1-2)

問)　自衛の戦争についてもキリストは何と言っているか。

答)「しかし、わたしは言っておく。悪人に手向かってはならない。だれかがあなたの右の頬を打つなら、左の頬をも向けなさい。」(マタ 5:39)

「しかし、わたしの言葉を聞いているあなたがたに言っておく。敵を愛し、あなたがたを憎む者に親切にしなさい。悪口を言う者に祝福を祈り、あなたがたを侮辱する者のために祈りなさい。あなたの頬を打つ者には、もう一方の頬をも向けなさい。上着を奪い取る者には、下着をも拒んではならない。」(ルカ 6:27-29)

問)　使徒たちは何と言っているか。

答)「だれに対しても悪に悪を返さず、すべての人の前で善を行うように心がけなさい。」(ロマ 12:17)

「悪をもって悪に、侮辱をもって侮辱に報いてはなりません。かえって祝福を祈りなさい。祝福を受け継ぐためにあなたがたは召されたのです。」(1 ペテ 3:9)

「だれも、悪をもって悪に報いることのないように気をつけなさい。お互いの間でも、すべての人に対しても、いつも善を行うよう努めなさい。」(1 テサ 5:15)

問)　昔は、宣誓することは適切なことであった。また、当時は、証の誓いは争いを終わらせる方法であると考えられていた。キリスト者が宣誓することは適切なことであるのか。

答)「また、あなたがたも聞いているとおり、昔の人は、『偽りの誓いを立てるな。主に対して誓ったことは、必ず果たせ』と命じられている。しかし、わたしは言っておく。一切誓いを立ててはならない。天にかけて誓ってはならない。そこは神の王座である。地にかけて誓ってはならない。そこは神の足台である。エルサレムにかけて誓ってはならない。そこは大王の都である。また、あなたの頭にかけて誓ってはならない。髪の毛一本すら、あなたは白くも黒くもできないからである。あなたがたは、『然り、然り』『否、否』と言いなさい。それ以上のことは、悪い者から出るのである。」(マタ 5:33-37)

「わたしの兄弟たち、何よりもまず、誓いを立ててはなりません。天や地を指して、あるいは、そのほかどんな誓い方によってであろうと。裁きを受けないようにするために、あなたがたは「然り」は「然り」とし、「否」は「否」としなさい。」(ヤコ 5:12)

問）キリスト者、もしくは信仰者は、互いからこの世的な名誉を受けることは適切なことであるのか。

答）「互いに相手からの誉れは受けるのに、唯一の神からの誉れは求めようとしないあなたたちには、どうして信じることができようか。」（ヨハ 5:44）

問）神は、我々が人に諂いの称号を与えることを許し給うか。

答）「いや、わたしはだれの顔を立てようともしない。人間にへつらうことはしたくない。気づかずにへつらうようなことを言ったら　どうか造り主が　直ちにわたしを退けてくださるように。」（ヨブ 32:21-22）

問）一人の人に対して「なんじ (thou)」や多くの人に対する「あなたたち (you)」のような言葉を適切に使っているからといって、我々と言い争う人々に対してどのように語るべきか。これらの言葉は、聖書におけるキリストや信仰者の言葉であるのに。

答）「異なる教えを説き、わたしたちの主イエス・キリストの健全な言葉にも、信心に基づく教えにも従わない者がいれば、その者は高慢で、何も分からず、議論や口論に病みつきになっています。そこから、ねたみ、争い、中傷、邪推、…」（1 テモ 6:3-4）

「キリスト・イエスによって与えられる信仰と愛をもって、わたしから聞いた健全な言葉を手本としなさい。」（2 テモ 1:13）

問）弟子が弟子たるを定め、使徒たちによっても奨励されている、キリストが弟子たちに授けた最も重要な掟とは何か。

答）「あなたがたに新しい掟を与える。互いに愛し合いなさい。わたしがあなたがたを愛したように、あなたがたも互いに愛し合いなさい。互いに愛し合うならば、それによってあなたがたがわたしの弟子であることを、皆が知るようになる。」（ヨハ 13:34-35）

「わたしがあなたがたを愛したように、互いに愛し合いなさい。これがわたしの掟である。…互いに愛し合いなさい。これがわたしの命令である。」（ヨハ 15:12, 17）

「あなたがたは神に愛されている子供ですから、神に倣う者となりなさい。キリストがわたしたちを愛して、御自分を香りのよい供え物、つまり、いけにえとしてわたしたちのために神に献げてくださったように、あなたがたも愛によって歩みなさい。」（エペ 5:1-2）

「「神を愛している」と言いながら兄弟を憎む者がいれば、それは偽り者です。目に見える兄弟を愛さない者は、目に見えない神を愛することができません。神を愛する人は、兄弟をも愛すべきです。こ

63

れが、神から受けた掟です。」(1 ヨハ 4:20-21)

問) 謙虚さはキリスト者にとって重要な事柄であるか。我々は御国に入る前に、そうなるべきか。

答)［イエスは］「言われた。「はっきり言っておく。心を入れ替えて子供のようにならなければ、決して天の国に入ることはできない。自分を低くして、この子供のようになる人が、天の国でいちばん偉いのだ。」(マタ 18:3-4)

問) キリスト者は、互いに権力を振りかざすべきか。この点について、キリストは何らかの掟を与えているか。

答)「そこで、イエスは一同を呼び寄せて言われた。「あなたがたも知っているように、異邦人の間では支配者たちが民を支配し、偉い人たちが権力を振るっている。しかし、あなたがたの間では、そうであってはならない。あなたがたの中で偉くなりたい者は、皆に仕える者になり、いちばん上になりたい者は、皆の僕になりなさい。人の子が、仕えられるためではなく仕えるために、また、多くの人の身代金として自分の命を献げるために来たのと同じように。」」(マタ 20:25-28)

問) この世におけるキリスト者の在り方とはどのようなものであるべきか。

答)「わたしはあなたがたを遣わす。それは、狼の群れに羊を送り込むようなものだ。だから、蛇のように賢く、鳩のように素直になりなさい。」(マタ 10:16)

「行きなさい。わたしはあなたがたを遣わす。それは、狼の群れに小羊を送り込むようなものだ。」(ルカ 10:3)

問) 我々は苦痛や迫害を覚悟すべきか。

答)「また、わたしの名のために、あなたがたはすべての人に憎まれる。しかし、最後まで耐え忍ぶ者は救われる。」(マタ 10:22、マコ 13:13)

「また、わたしの名のために、あなたがたはすべての人に憎まれる。」(ルカ 21:17)

「世があなたがたを憎むなら、あなたがたを憎む前にわたしを憎んでいたことを覚えなさい。 あなたがたが世に属していたなら、世はあなたがたを身内として愛したはずである。だが、あなたがたは世に属していない。わたしがあなたがたを世から選び出した。だから、世はあなたがたを憎むのである。」(ヨハ 15:18)

「これらのことを話したのは、あなたがたがわたしによって平和を得るためである。あなたがたには世で苦難がある。しかし、勇気を出しなさい。わたしは既に世に勝っている。」(ヨハ 16:33)

「キリスト・イエスに結ばれて信心深く生きようとする人は皆、迫害を受けます。」(2 テモ 3:12)

問) 我々は迫害を恐れるべきか。

答)「体は殺しても、魂を殺すことのできない者どもを恐れるな。むしろ、魂も体も地獄で滅ぼすことのできる方を恐れなさい。」(マタ 10:28)

「友人であるあなたがたに言っておく。体を殺しても、その後、それ以上何もできない者どもを恐れてはならない。だれを恐れるべきか、教えよう。それは、殺した後で、地獄に投げ込む権威を持っている方だ。そうだ。言っておくが、この方を恐れなさい。」(ルカ 12:4-5)

問) 喜んで迫害を受けることには、何らかの有利な点があるのか。それを避けるものの危険とは何か。

答)「義のために迫害される人々は、幸いである、 天の国はその人たちのものである。」(マタ 5:10)

「しかし、義のために苦しみを受けるのであれば、幸いです。人々を恐れたり、心を乱したりしてはいけません。」(1 ペテ 3:14)

「だから、だれでも人々の前で自分をわたしの仲間であると言い表す者は、わたしも天の父の前で、その人をわたしの仲間であると言い表す。しかし、人々の前でわたしを知らないと言う者は、わたしも天の父の前で、その人を知らないと言う。」(マタ 10:32-33)

「わたしよりも父や母を愛する者は、わたしにふさわしくない。…また、自分の十字架を担ってわたしに従わない者は、わたしにふさわしくない。自分の命を得ようとする者は、それを失い、わたしのために命を失う者は、かえってそれを得るのである。」(マタ 10:37-39)

「言っておくが、だれでも人々の前で自分をわたしの仲間であると言い表す者は、人の子も神の天使たちの前で、その人を自分の仲間であると言い表す。しかし、人々の前でわたしを知らないと言う者は、神の天使たちの前で知らないと言われる。」(ルカ 12:8-9)

「それから、弟子たちに言われた。「わたしについて来たい者は、自分を捨て、自分の十字架を背負って、わたしに従いなさい。自分の命を救いたいと思う者は、それを失うが、わたしのために命を失う者は、それを得る。」(マタ 16:24-25)

「耐え忍ぶなら、キリストと共に支配するようになる。キリストを否むなら、キリストもわたしたちを否まれる。」(2 テモ 2:12)

「もし、だれかがわたしのもとに来るとしても、父、母、妻、子供、兄弟、姉妹を、更に自分の命であろうとも、これを憎まないなら、わたしの弟子ではありえない。」(ルカ 14:26)

「それから、イエスは皆に言われた。「わたしについて来たい者は、自分を捨て、日々、自分の十字架を背負って、わたしに従いなさい。自分の命を救いたいと思う者は、それを失うが、わたしのために

命を失う者は、それを救うのである。」（ルカ 9:23-24）

「それから、群衆を弟子たちと共に呼び寄せて言われた。「わたしの後に従いたい者は、自分を捨て、自分の十字架を背負って、わたしに従いなさい。自分の命を救いたいと思う者は、それを失うが、わたしのため、また福音のために命を失う者は、それを救うのである」（マコ 8:34-35）

問）これらの聖書の記述によれば、キリスト者はこの世において個人的にも物質的にも迫害を引き受けるべきであることは、何よりも明白である。しかし、彼らの名称に関して、冒瀆者や異端、偽善者と見なされることについても耐え忍ぶべきなのか。

答）「弟子は師にまさるものではなく、僕は主人にまさるものではない。弟子は師のように、僕は主人のようになれば、それで十分である。家の主人がベルゼブルと言われるのなら、その家族の者はもっとひどく言われることだろう。」（マタ 10:24-25）

「わたしのためにののしられ、迫害され、身に覚えのないことであらゆる悪口を浴びせられるとき、あなたがたは幸いである。」（マタ 5:11）

「そこで、彼らは人々を唆して、「わたしたちは、あの男がモーセと神を冒瀆する言葉を吐くのを聞いた」と言わせた。また、民衆、長老たち、律法学者たちを扇動して、ステファノを襲って捕らえ、最高法院に引いて行った。」（使 6:11-12）

「二人が見つからなかったので、ヤソンと数人の兄弟を町の当局者たちのところへ引き立てて行って、大声で言った。「世界中を騒がせてきた連中が、ここにも来ています」（使 17:6）

「しかしここで、はっきり申し上げます。私は、彼らが『分派』と呼んでいるこの道に従って、先祖の神を礼拝し、また、律法に則したことと預言者の書に書いてあることを、ことごとく信じています。」（使 24:14）

「ののしられては優しい言葉を返しています。今に至るまで、わたしたちは世の屑、すべてのものの滓とされています。」（1 コリ 4:13）

「栄誉を受けるときも、辱めを受けるときも、悪評を浴びるときも、好評を博するときにもそうしているのです。わたしたちは人を欺いているようでいて、誠実であり」（2 コリ 6:8）

問）これまで言及されてきたことから明らかであるが、キリスト者は迫害や苦難を覚悟しなければならない。つまり、彼らは常に羊であって、決して狼であってはならない。迫害を受ける者であって、決して迫害者ではなく、苦難を受ける者であって、決して苦難を与える者ではなく、非難される者であって、決して非難する者であってはならない。では、キリスト者は、他者を虐げるどころか、迫害する者のために祈ることが適切である。これはキリストの掟か。

答)「しかし、わたしは言っておく。敵を愛し、自分を迫害する者のために祈りなさい。」(マタ 5:44)

問) これはキリスト自身の在り方であったか。

答)「〔そのとき、イエスは言われた。「父よ、彼らをお赦しください。自分が何をしているのか知らないのです。」〕人々はくじを引いて、イエスの服を分け合った。」(ルカ 23:34)

問) この点において、キリストは我々の模範であるのか。

答)「あなたがたが召されたのはこのためです。というのは、キリストもあなたがたのために苦しみを受け、その足跡に続くようにと、模範を残されたからです。「この方は、罪を犯したことがなく、その口には偽りがなかった。」ののしられてもののしり返さず、苦しめられても人を脅さず、正しくお裁きになる方にお任せになりました。」(1 ペテ 2:21-23)

問) 聖書の中に、キリストの模範に従った実例はあるか。

答)「それから、ひざまずいて、「主よ、この罪を彼らに負わせないでください」と大声で叫んだ。ステファノはこう言って、眠りについた。」(使 7:60)

問) これら全ての聖書の記述から明らかであるのは、キリスト教は、主を畏れおののき、謙虚であり、忍耐強く、自己否定であることに存している。では、結婚を忌避することやある特定の肉を避けること、天使に対する崇拝や、謙遜に似ているがそうではない言動をすることなどに宗教的な重点を置いている人々をどう考えるべきか。

答)「"霊"は次のように明確に告げておられます。終わりの時には、惑わす霊と、悪霊どもの教えとに心を奪われ、信仰から脱落する者がいます。このことは、偽りを語る者たちの偽善によって引き起こされるのです。彼らは自分の良心に焼き印を押されており、結婚を禁じたり、ある種の食物を断つことを命じたりします。しかし、この食物は、信仰を持ち、真理を認識した人たちが感謝して食べるようにと、神がお造りになったものです。」(1 テモ 4:1-3)

「偽りの謙遜と天使礼拝にふける者から、不利な判断を下されてはなりません。こういう人々は、幻で見たことを頼りとし、肉の思いによって根拠もなく思い上がっている」(コロ 2:18)

第十三章　統治

問）統治する者の義務とは何か。

答）「イスラエルの神は語り　イスラエルの岩はわたしに告げられる。神に従って人を治める者　神を畏れて治める者は太陽の輝き出る朝の光」（2 サム 23:3-4）

問）聖書によれば、権力のもとにある人々の義務とは何であるか。

答）「人は皆、上に立つ権威に従うべきです。神に由来しない権威はなく、今ある権威はすべて神によって立てられたものだからです。従って、権威に逆らう者は、神の定めに背くことになり、背く者は自分の身に裁きを招くでしょう。実際、支配者は、善を行う者にはそうではないが、悪を行う者には恐ろしい存在です。あなたは権威者を恐れないことを願っている。それなら、善を行いなさい。そうすれば、権威者からほめられるでしょう。権威者は、あなたに善を行わせるために、神に仕える者なのです。しかし、もし悪を行えば、恐れなければなりません。権威者はいたずらに剣を帯びているのではなく、神に仕える者として、悪を行う者に怒りをもって報いるのです。だから、怒りを逃れるためだけでなく、良心のためにも、これに従うべきです。」（ロマ 13:1-5）

「主のために、すべて人間の立てた制度に従いなさい。それが、統治者としての皇帝であろうと、あるいは、悪を行う者を処罰し、善を行う者をほめるために、皇帝が派遣した総督であろうと、服従しなさい。善を行って、愚かな者たちの無知な発言を封じることが、神の御心だからです。」（1 ペテ 2:13-15）

問）税金は、彼らに払われるべきか。

答）「あなたがたが貢を納めているのもそのためです。権威者は神に仕える者であり、そのことに励んでいるのです。すべての人々に対して自分の義務を果たしなさい。貢を納めるべき人には貢を納め、税を納めるべき人には税を納め、恐るべき人は恐れ、敬うべき人は敬いなさい。」（ロマ 13:6-7）

「彼らは、「皇帝のものです」と言った。すると、イエスは言われた。「では、皇帝のものは皇帝に、神のものは神に返しなさい。」」（マタ 22:21）

問）我々は、キリストの掟に反するような役人たちの忠告に従うべきであるのか。

答）「そして、二人を呼び戻し、決してイエスの名によって話したり、教えたりしないようにと命令した。しかし、ペトロとヨハネは答えた。「神に従わないであなたがたに従うことが、神の前に正しいかどうか、考えてください。わたしたちは、見たことや聞いたことを話さないではいられないのです。」」

（使4:18-20）

「彼らが使徒たちを引いて来て最高法院の中に立たせると、大祭司が尋問した。「あの名によって教えてはならないと、厳しく命じておいたではないか。それなのに、お前たちはエルサレム中に自分の教えを広め、あの男の血を流した責任を我々に負わせようとしている。」ペトロとほかの使徒たちは答えた。「人間に従うよりも、神に従わなくてはなりません。」（使5:27-29）

問）賢者ガマリエルの助言によれば、このような場合には役人たちはどのように行動すべきか。

答）「ところが、民衆全体から尊敬されている律法の教師で、ファリサイ派に属するガマリエルという人が、議場に立って、使徒たちをしばらく外に出すように命じ、それから、議員たちにこう言った。「イスラエルの人たち、あの者たちの取り扱いは慎重にしなさい。」（使5:34-35）

「そこで今、申し上げたい。あの者たちから手を引きなさい。ほうっておくがよい。あの計画や行動が人間から出たものなら、自滅するだろうし、神から出たものであれば、彼らを滅ぼすことはできない。もしかしたら、諸君は神に逆らう者となるかもしれないのだ。」（使5:38-39）

問）この問題に関して、キリストは彼の民に対してどのような福音の掟を与えているか。彼らの義務について彼はどのように語っているか。

答）「僕たちが主人のところに来て言った。『だんなさま、畑には良い種をお蒔きになったではありませんか。どこから毒麦が入ったのでしょう。』主人は、『敵の仕業だ』と言った。そこで、僕たちが、『では、行って抜き集めておきましょうか』と言うと、主人は言った。『いや、毒麦を集めるとき、麦まで一緒に抜くかもしれない。」（マタ13:27-29）

問）キリストは、悪しき者たちとして毒麦について説明しているのか。信仰者は、間違って良きものに危害を加えないためにも彼らを切り捨ててはならない。では、代わりに、それらの選り分けは神に委ねるべきであり、天の使いがなすべきことか。

答）「畑は世界、良い種は御国の子ら、毒麦は悪い者の子らである。毒麦を蒔いた敵は悪魔、刈り入れは世の終わりのことで、刈り入れる者は天使たちである。だから、毒麦が集められて火で焼かれるように、世の終わりにもそうなるのだ。人の子は天使たちを遣わし、つまずきとなるものすべてと不法を行う者どもを自分の国から集めさせ」（マタ13:38-41）

第十四章　復活

問）死者の復活について、聖書は何と言っているか。

答）「更に、正しい者も正しくない者もやがて復活するという希望を、神に対して抱いています。この希望は、この人たち自身も同じように抱いております。」（使24:15）

問）どのような点で、正しい者の復活と正しくない者の復活は異なるのか。加えて、彼らはどのように取り扱われるのか。

答）「驚いてはならない。時が来ると、墓の中にいる者は皆、人の子の声を聞き、善を行った者は復活して命を受けるために、悪を行った者は復活して裁きを受けるために出て来るのだ。」（ヨハ5:28-29）
「しかし、現在の天と地とは、火で滅ぼされるために、同じ御言葉によって取っておかれ、不信心な者たちが裁かれて滅ぼされる日まで、そのままにしておかれるのです。」（2ペテ3:7）

問）死者が将来どのように復活するのかと尋ねる者に対する答えは何か。そして、それはどのような身体をもってか。

答）「愚かな人だ。あなたが蒔くものは、死ななければ命を得ないではありませんか。あなたが蒔くものは、後でできる体ではなく、麦であれ他の穀物であれ、ただの種粒です。神は、御心のままに、それに体を与え、一つ一つの種にそれぞれ体をお与えになります。どの肉も同じ肉だというわけではなく、人間の肉、獣の肉、鳥の肉、魚の肉と、それぞれ違います。また、天上の体と地上の体があります。しかし、天上の体の輝きと地上の体の輝きとは異なっています。太陽の輝き、月の輝き、星の輝きがあって、それぞれ違いますし、星と星との間の輝きにも違いがあります。死者の復活もこれと同じです。蒔かれるときは朽ちるものでも、朽ちないものに復活し、蒔かれるときは卑しいものでも、輝かしいものに復活し、蒔かれるときには弱いものでも、力強いものに復活するのです。つまり、自然の命の体が蒔かれて、霊の体が復活するのです。自然の命の体があるのですから、霊の体もあるわけです。」（1コリ15:36-44）

問）将来生じるそれは、現在私たちが持つ自然的な身体ではなく、霊的な身体であると、使徒は強く確信しているようである。

答）「兄弟たち、わたしはこう言いたいのです。肉と血は神の国を受け継ぐことはできず、朽ちるものが朽ちないものを受け継ぐことはできません。わたしはあなたがたに神秘を告げます。わたしたちは皆、眠りにつくわけではありません。わたしたちは皆、今とは異なる状態に変えられます。最後のラ

ッパが鳴るとともに、たちまち、一瞬のうちにです。ラッパが鳴ると、死者は復活して朽ちない者と
され、わたしたちは変えられます。この朽ちるべきものが朽ちないものを着、この死ぬべきものが死
なないものを必ず着ることになります。この朽ちるべきものが朽ちないものを着、この死ぬべきもの
が死なないものを着るとき、次のように書かれている言葉が実現するのです。「死は勝利にのみ込ま
れた。死よ、お前の勝利はどこにあるのか。死よ、お前のとげはどこにあるのか。」」(1 コリ 15:50-55)

第十五章　信仰告白への簡単な導入

　私は、この小論で約束しておいたものの主要な部分を書き終えた。つまり、聖書の平易な言葉をもって、我々の教えを十分に説明してきた。私は、反論に応えるためにも、聖書の言葉を用いた。次に、我々の『信仰告白』をまとめてみたいと思う。それは短いものとなるだろう。『教理問答』ですでに引用された聖書の箇所を改めて繰り返す必要はないからである。信仰告白は、我々の信仰に対する反対意見について反駁したり、それについて議論したりするよりも〔それらは、教理問答に相応しく、そこで要を得たものとなる〕、むしろ自分たち自身の信仰を積極的に提示するものである。それを私はここで行った。議論の一貫性を保つために、時折、"and"といった接続詞［副詞］や"therefore"といった接続表現を聖書の言葉に付け加える必要があった。それは、最も好奇心が強く口やかましい人々からの批判、たとえば、「別の意味になっている」との批判を避けるように、〔純粋な人間が主張するように〕何も付け加えることがないように、また、何らかの形で別の解釈や意味と見なされるかもしれない言葉が付け加わることがないようにである。同様に、文法的に間違った構成を避けるために、時折、動詞の時制や人称を変えている。慎重にこの点について調べてもらえれば、それらの変化によっては意味が損なわれていないと分かることだろう。たとえば、キリストが「わたしは世の光である」と語るところで、一人称を三人称に換えて、「キリストは世の光である」と書き方を変えても、もとの意味と矛盾することはないだろう。また、使徒たちが「私たち」と書くところで、必要に応じて変化させたり、使徒が「あなた」という意味で「聖徒」と言うところで、文脈に合わせて「あなた」と書き換えた。ヨハネによる手紙一第一章第五節の最初の言葉、つまり、「神が光である」ということに関わる各箇所で、「光」と書き換えても、公平な読者であれば、誰もこうした構文上の変更に対して文句は言わないだろう。真理とそこから導き出される事柄を巡る現実的で本質的な根拠を見いだすことができず、細かい変更に文句を言う人もいるだろうことは分かる。それゆえ、そうした批判を事前に取り除くための工夫をした。[つまり、私［バークレー］が抜粋し対照した聖書箇所には（）を付け加えている]。

第十六章　二十三の項目からなる信仰告白 [訳注：この『信仰告白』においては、言葉の流れを鑑みて、新共同訳が適切でない場合、欽定訳聖書からの私訳に置き換えている]

第一条　神についての真の救いをもたらす知識について

　唯一の神（エペ 4:6、1 コリ 8:4, 6）が存在する。神は霊である（ヨハ 4:24）。神は光であり、神には闇は全くない（1 ヨハ 1:5）ということは、使徒たちが神から聞き、そして、信仰者たちに宣べ伝える教えである。証をする三つの者が存在する。父なる神、御言葉、そして、聖霊。これらの三者は一つである（1 ヨハ 5:7-8）。父なる神が子なる神の内に存在し、子なる神が父なる神の内に存在する（ヨハ 10:38, 14:10, 5:26）。父のほかに子を知る者はなく、子と、子が示そうと思う者のほかには、父を知る者はない（マタ 11:27、ルカ 10:22）。この聖霊は一切のことを、神の深みさえも究めるものである（1 コリ 2:10）。人の内にある霊以外に、いったい誰が、人のことを知るのか。同じように、神の霊以外に神のことを知る者はない（1 コリ 2:11）。今や信仰者たちは、世の霊ではなく、神からの霊を受け、それで彼らは、神から恵みとして与えられたものを知るようになった（1 コリ 2:12）。弁護者、すなわち、父がキリストの名によってお遣わしになる聖霊が、彼らにすべてのことを教え、イエスが話したことをことごとく思い起こさせてくださる（ヨハ 14:26）。

第二条　キリスト者の規則と手引きについて

　キリストは父に祈り、父は別の弁護者を遣わして、永遠に信仰者たちと一緒にいるようにしてくださる。これは、真理の霊である。この霊を見ようとも知ろうともしないので、世はこの霊を受けることが出来ないが、信仰者たちはこの霊を知っている。この霊が信仰者たちと共におり、これからも、信仰者たちの内にいるからである（ヨハ 14:16-17）。キリストの霊を持たない者は、キリストに属していない。神の霊によって導かれる者は皆、神の子だからである（ロマ 8:9, 14）。これが、神がイスラエルの家と結ぶ契約である。神は、神の律法を彼らの思いに置き、彼らの心にそれを書きつけ（ヘブ 8:10-11）、神自ら彼らに教え給う。我々の内には、神から注がれた油があるため、だれからも教えを受ける必要はない。というのは、この油が万事について教えてくださるが、それは真実であって、偽りではないからである（1 ヨハ 2:27）。[訳注："Let that therefore abide <u>in you</u>, which ye have heard from the beginning. If that which ye have heard from the beginning shall remain <u>in you</u>, ye also shall continue in the Son, and in the Father. And this is the promise that he hath promised us, even eternal life. These things have I written unto you concerning them that seduce you. But the anointing which ye have received of him <u>abideth in you</u>, and ye need not that any man teach you: but as the same anointing teacheth you of all things, and is truth, and is no lie," (1 John 2:24-27 KJV)、下線は筆者]

第三条　聖書について

　かつて書かれた事柄は、すべて我々を教え導くためのものである。それゆえ、我々は、聖書から忍耐と慰めを学んで希望を持ち続けることができる（ロマ 15:4）。この書物は、キリスト・イエスへの信仰を通して救いに導く知恵を、我々に与えることができる。聖書はすべて神の霊の導きのもとに書かれ、人を教え、戒め、誤りを正し、義に導く訓練をするうえに有益である。したがって、神に仕える人は、どのような善い業をも行うことができるように、十分に整えられるのである（2 テモ 3:15-17）。聖書の預言は何一つ、自分勝手に解釈すべきではない。なぜなら、預言は、決して人間の意志にもとづいて語られたのではなく、人々が聖霊に導かれて神からの言葉を語ったものだからである（2 ペテ 1:20-21）。

第四条　キリストの神性と先在性について

　初めに言があった。言は神と共にあった。言は神であった。この言は、初めに神と共にあった。万物は言によって成った。成ったもので、言によらずに成ったものは何一つなかった（ヨハ 1:1-3）。キリストの出生は古く、永遠の昔にさかのぼる（ミカ 5:1）。それは、神がキリストによってすべてのものをお造りになったからである（エペ 3:9）。キリストは、神の身分でありながら、神と等しい者であることに固執しようとは思わなかった（ピリ 2:6）。彼は、驚くべき指導者、力ある神、永遠の父、平和の君と名付けられている（イザ 9:5）。彼は、見えない神の姿であり、すべてのものが造られる前に生まれた方である（コロ 1:15）。キリストは、神の栄光の反映であり、神の本質の完全な現れである（ヘブ 1:3）。彼は、血に染まった衣を身にまとっており、その名は「神の言葉」と呼ばれた（黙 19:13）。それは、キリストの内には、満ちあふれる神性が、余すところなく、宿っており、知恵と知識の宝はすべて、キリストの内に隠れているからである（コロ 2:9, 3）。

第五条　キリストが肉において現れたことについて

　言は肉となった（ヨハ 1:14）。それは、天使たちの性質ではなく、アブラハムの子孫を身に受けられるために来られたからであり［訳注：“For verily he took not on *him the nature of* angels; but he took on *him* the seed of Abraham.” (Heb. 2:16 KJV)］、すべての点で兄弟たちと同じようにならねばならなかったからである（ヘブ 2:16-17）。この大祭司は、我々の弱さに同情できない方ではなく、罪を犯されなかったが、あらゆる点において、我々と同様に試練に遭われたのである（ヘブ 4:15）。キリストは、聖書に書いてあるとおり、我々の罪のために死に、葬られ、そして、聖書に書いてあるとおり、三日目に復活した（1 コリ 15:3-4）。

74

第六条　キリストが現臨した目的について

　神は、罪を取り除くために御子を罪深い肉と同じ姿でこの世に送られた（ロマ 8:3）。悪魔の働きを滅ぼすためにこそ、神の子が現れた（1 ヨハ 3:8）のであり、御子は罪を除くために現れた（1 ヨハ 3:5）。キリストは、御自分を香りのよい供え物、つまり、いけにえとしてわたしたちのために神に献げてくださった（エペ 5:2）。永遠の"霊"によって、御自身をきずのないものとして神に献げられたキリストの血は、わたしたちの良心を死んだ業から清めて、生ける神を礼拝するようにさせてくださる（ヘブ 9:14）。キリストは、天地創造の時から、屠られた小羊である（黙 5:8, 12、13:8）。我々の先祖は皆、自分たちに離れずについて来た霊的な岩から霊的な飲み物を飲んだが、この岩こそキリストだった（1 コリ 10:1, 4）。キリストはまた、あなたがたのために苦しみを受け、その足跡に続くようにと、模範を残された（1 ペテ 2:21）。それは、我々が、イエスの命がこの体に現れるために、いつもイエスの死を体にまとわなければならないからであり、我々が生きている間、死ぬはずのこの身にイエスの命が現れるためである（2 コリ 4:10-11）。我々は、キリストの死の姿にあやかることによって、キリストとその復活の力と知り、苦しみにあずかる（ピリ 3:10）。

第七条　キリストの内的な現れについて

　神は、霊において悔い改め、へりくだる者と共にあると約束される（イザ 57:15）。神は彼らの間に住み、巡り歩くと言われているとおりである（2 コリ 6:16）。キリストは戸口に立って、たたいている。だれか彼の声を聞いて戸を開ける者があれば、彼は中に入って我々と共に食事をし、彼もまた、我々と共に食事をするであろう（黙 3:20）。我々は、失格者なら別だが、信仰を持って生きているかどうか、イエス・キリストが我々の内におられるかどうかを反省し、吟味しなければならない（2 コリ 13:5）。この秘められた計画は何と栄光に満ちたものであることか。その計画とは、我々の内におられる（CHRIST WITHIN）栄光の希望キリストである（コロ 1:27）。

第八条　新生について

　誰も、新たに生まれなければ、神の国を見ることはできない（ヨハ 3:3）。したがって、我々は、古い人を脱ぎ捨て、真の義と清さにおいて神にかたどって造られた新しい人を身に着け、心の底から新たにされなければならない（エペ 4:22-24）。この新しい人は、造り主の姿に倣って、真の知識において日々新たにされるのである（コロ 3:10）。それゆえ、我々は、今後だれをも肉に従って知ることはないし、肉に従ってキリストを知っていたとしても、今はもうそのように知ることはない。キリストと結ばれる人はだれでも、新しく創造された者である（2 コリ 5:16-17）。我々は、主イエス・キリス

トを身にまとい（ロマ 13:14）、そして、心の底から新たにされる（エペ 4:23）。洗礼を受けてキリストに結ばれた我々は皆、キリストを着ているからである（ガラ 3:27）。我々は、朽ちる種からではなく、朽ちない種から、すなわち、神の変わることのない生きた言葉によって新たに生まれた（1 ペテ 1:23）。また、我々の主イエス・キリストの十字架のほかに、我々には誇るものはない。この十字架によって、世は我々に対し、我々は世に対してはりつけにされている。それは、キリスト・イエスにおいては、割礼の有無は問題ではなく、大切なのは、新しく創造されることだからである（ガラ 6:14-15）。

第九条　キリストにおいて信仰者が一つとなることについて

　人を聖なる者となさる方も、聖なる者とされる人たちも、すべて一つの源から出ている（ヘブ 2:11）。栄光と力ある業とによって、神から我々は尊くすばらしい約束を与えられ、これらの約束によって我々は、神の本性にあずからせていただくからである（2 ペテ 1:4）。このために、イエスは祈ったのである。父が子の内におられ、子が父の内にいるように、すべての人を一つにしてくださいと。彼らも父と子の内にいるようにしてくださいと。父と子が一つであるように、彼らも一つになるために、神が子に与えてくださった栄光を彼らにも与えてくださいと（ヨハ 17:21-22）。

第十条　神の普遍的な愛と恵みについて

　神は、その独り子をお与えになったほどに、世を愛された。独り子を信じる者が一人も滅びないで、永遠の命を得るためである（ヨハ 3:16）。神は、独り子を世にお遣わしになった。その方によって、我々が生きるようになるためである。ここに、神の愛が我々の内に示された（1 ヨハ 4:9）。それゆえ、たとえ我々が罪を犯しても、我々には、御父のもとに弁護者、正しい方、イエス・キリストがおられる。彼は、我々の罪、いや、我々の罪ばかりでなく、全世界の罪を償ういけにえである（1 ヨハ 2:1-2）。神の恵みによって、イエスはすべての人のために死んでくださった（ヘブ 2:9）。そして、彼がすべての人の贖いとして御自身を献げられたことは、定められた時になされた証しである（1 テモ 2:6）。主は、すべての人々が救われて真理を知るようになることを望んでおられ（1 テモ 2:4）、一人も滅びないで皆悔い改めるように望んでおられる（2 ペテ 3:9）。というのは、神が御子を世に遣わされたのは、世を裁くためではなく、御子によって世が救われるためだからである（ヨハ 3;17）。キリストを信じる者が、だれも暗闇の中にとどまることのないように、彼は光として世に来た（ヨハ 12:46）。それゆえ、一人の罪によってすべての人に有罪の判決が下されたように、一人の正しい行為によって、すべての人が義とされて命を得ることになった（ロマ 5:18）。

第十一条 すべての者を照らす光について

　福音は、世界中至るところの人々に宣べ伝えられている（コロ 1:23）。この福音は、信じる者すべてに救いをもたらす神の力である（ロマ 1:16）。我々の福音に覆いが掛かっているとするなら、それは、滅びの道をたどる人々に対して覆われている。この世の神が、信じようとはしないこの人々の心の目をくらまし、神の似姿であるキリストの栄光に関する福音の光が見えないようにした（2 コリ 4:3-4）。光が世に来たのに、人々はその行いが悪いので、光よりも闇の方を好んだ。それが、もう裁きになっている（ヨハ 3:19）。この光は、まことの光で、世に来てすべての人を照らす（ヨハ 1:9）。身を結ばない暗闇の業は、この光によって明るみに出される。すべてのものは光にさらされて、明らかにされるからである（エペ 5:11,13）。悪を行う者は皆、光を憎み、その行いが明るみに出されるのを恐れて、光の方に来ない。しかし、真理を行う者は光の方に来る。その行いが神に導かれてなされたということが、明らかになるために（ヨハ 3:20-21）。神が光の中におられるように、我々が光の中を歩むなら、互いに交わりを持ち、御子イエスの血によってあらゆる罪から清められる（1 ヨハ 1:7）。それゆえ、我々は、光の子となるために、光のあるうちに、光を信じねばならない（ヨハ 12:36）。それゆえまた、今日、我々が神の声を聞くなら、心をかたくなにしてはならない（ヘブ 4:7）。イエスはエルサレムのために泣いて、「もしこの日に、お前も平和への道をわきまえていたなら。しかし今は、それがお前には見えない。（ルカ 19:41-42）…めん鳥が雛を羽の下に集めるように、わたしはお前の子らを何度集めようとしたことか。だが、お前たちは応じようとしなかった（マタ 23:37）」と言われたのだから。

　かたくなで、心と耳に割礼を受けていない人たちは、いつも聖霊に逆らっている（使 7:51）、光に背く人々のように（ヨブ 24:13）。それゆえ、神の霊は人の中に永久にとどまることはない（創 6:3）。というのは、不義によって真理の働きを妨げる人間のあらゆる不信心と不義に対して、神は天から怒りを現されるからである。また、神について知りうる事柄は、彼らにも明らかだからである。神がそれを示された（ロマ 1:18-19）。一人一人に"霊"の働きが現れるのは、全体の益となるためである（1 コリ 12:7）。すべての人々に救いをもたらす神の恵みが現れた。その恵みは、わたしたちが不信心と現世的な欲望を捨てて、この世で、思慮深く、正しく、信心深く生活するように教える（テト 2:11-12）。この言葉は、我々を造り上げ、聖なる者とされたすべての人々と共に我々に恵みを受け継がせることができる（使 20:32）。神の言葉は生きており、力を発揮し、どんな両刃の剣よりも鋭く、精神と霊、関節と骨髄とを切り離すほどに刺し通して、心の思いや考えを見分けることができる（ヘブ 4:12）。こうして、我々には、預言の言葉はいっそう確かなものとなっている。夜が明け、明けの明星が我々の心の中に昇るときまで、暗い所に輝くともし火として、この預言の言葉に留意すべきである（2 ペテ 1:19）。御言葉は我々の近くにあり、「我々の口、我々の心にある。」これは、我々が宣べ伝え

ている信仰の言葉である（ロマ 10:8）。「闇から光が輝き出よ」と命じられた神は、我々の心の内に輝いて、イエス・キリストの御顔に輝く神の栄光を悟る光を与えてくださったのである。我々は、このような宝を土の器に納めている。この並外れて偉大な力が神のものであって、我々から出たものでないことが明らかになるために（2 コリ 4:6-7）。というのは、イエスが言われたように、神の国は、見える形では来ない。神の国はあなたがたの間にあるのだから（ルカ 17:20-21）。

第十二条　信仰と義認について

信仰とは、望んでいる事柄の本質である［訳注：“faith is the substance of things hoped for,” (Heb. 11:1 KJV)］。信仰がなければ、神に喜ばれることはできない（ヘブ 11:1,6）。救いのためには、愛の実践を伴う信仰こそ大切である（ガラ 5:6）。というのは、行いを伴わない信仰は死んだものであり、信仰は行いによって完成されるからである（ヤコ 2:22,26）。また、律法を実行することによっては、だれ一人神の前で義とされないからである（ロマ 3:20）。神は、我々が行った義の業によってではなく、御自分の憐れみによって、我々を救ってくださった。この救いは、聖霊によって新しく生まれさせ、新たに造りかえる洗いを通して実現した（テト 3:5）。我々は、主イエス・キリストの名と我々の神の霊によって洗われ、聖なる者とされ、義とされている（1 コリ 6:11）。

第十三条　善き業について

肉に従って生きるなら、我々は死ぬ。しかし、霊によって体の仕業を絶つならば、我々は生きる（ロマ 8:13）。というのは、神を信じるようになった人々は、良い行いに励もうと心がけねばならないからである（テト 3:8）。神はおのおのの行いに従ってお報いになり、忍耐強く善を行い、栄光と誉れと不滅のものを求める者には、永遠の命をお与えになる（ロマ 2:6-7）。これは、我々を神の国にふさわしい者とする、神の判定が正しいという証拠である（2 テサ 1:5）。それゆえ、我々は、自分の確信を捨ててはならない。この確信には大きな報いがある（ヘブ 10:35）。そして、命の木に対する権利を与えられ、門を通って都に入れるように、自分の衣を洗い清める者は幸いである（黙 22:14）。

第十四条　完全について

罪は、もはや、律法の下ではなく、恵みの下にいる者を支配することはない（ロマ 6:14）。したがって、今や、キリスト・イエスに結ばれている者は、罪に定められることはない。キリスト・イエスによって命をもたらす霊の法則が、罪と死との法則から我々を解放したからである（ロマ 8:1-2）。どうして、罪に定められている者が、霊の法則に生きることが出来るだろうか。罪から解放され、我々は義に仕えるようになったからである（ロマ 6:18）。それゆえ、我々の天の父が完全であられるよう

に、我々も完全な者とならなければならない（マタ 5:48）。キリストの軛は負いやすく、彼の荷は軽いからである（マタ 11:30）。また、神の掟は難しいものではないからである（1 ヨハ 5:3）。もし命を得たいのなら、掟を守らなければならない（マタ 19:17）。我々は、神の掟を守るなら、それによって、神を知っていることが分かる（1 ヨハ 2:3）。「神を知っている」と言いながら、神の掟を守らない者は、偽り者で、その人の内には真理はない（1 ヨハ 2:4）。御子の内にいつもいる人は皆、罪を犯すことはない。罪を犯す者は皆、御子を見たこともなく、知ってもいない（1 ヨハ 3:6）。だれにも惑わされないようにしなければならない。義を行う者は、御子と同じように、正しい人である。罪を犯す者は悪魔に属す。神から生まれた人は皆、罪を犯すことはない。それは、神の種がこの人の内にいつもあるからであり、この人は神から生まれたので、罪を犯すことができないからである（1 ヨハ 3:7-9）。『主よ、主よ』と言う者が皆、天の国に入るわけではない。天の父の御心を行う者だけが入る（マタ 7:21）。割礼の有無は問題ではなく、大切なのは神の掟を守ることである（1 コリ 7:19）。

第十五条　堅忍と恵みからの堕落について

　我々は、召されていること、選ばれていることを確かなものとするように、いっそう努めなければならない。これらのことを実践すれば、決して罪に陥らないからである（2 ペテ 1:10）。パウロは、他の人々に宣教しておきながら、彼の方が失格者になってしまわないため、彼の体を打ちたたいて服従させようとした（1 コリ 9:27）。それゆえ、我々は、我々のうちに、信仰のない悪い心を抱いて、生ける神から離れてしまう者がないように注意しなければならない（ヘブ 3:12）。同様に、我々はこの安息にあずかるように努力しなければならない。同じ不従順の例に倣って堕落する者が出ないように（ヘブ 4:11）。それは、一度光に照らされ、天からの賜物を味わい、聖霊にあずかるようになり、神のすばらしい言葉と来るべき世の力とを体験しながら、その後に堕落した者の場合には、再び悔い改めに立ち帰らせることはできないからである（ヘブ 6:4-6）。キリストにつながっていない人がいれば、枝のように外に投げ捨てられる（ヨハ 15:6）。しかし、勝利を得る者は、神の神殿の柱にされ、彼はもう決して外へ出ることはない（黙 3:12）。我々は確信している。何も、我々の主キリスト・イエスによって示された神の愛から、我々を引き離すことはできない（ロマ 8:38-39）。

第十六条　教会と教職について

　生ける神の教会とは、真理の柱であり土台である（1 テモ 3:15）。キリストはその体である教会の頭である（コロ 1:18）。この頭の働きにより、体全体は、節と節、筋と筋とによって支えられ、結び合わされ、神に育てられて成長してゆく（コロ 2:19）。それは、キリスト・イエスによって聖なる者とされた人々によって作られている（1 コリ 1:2）〔訳注：クエーカーの教会・集会の構成原理の一つが、

79

聖性、つまり、イエスの至上の命令である「敵を愛せよ」に徹底的に従うことである。このことが、異質なものを受け入れるクエーカー独自の教会論を形成している。下線は訳者]。キリストが、高い所に昇るとき、彼は人々に賜物を分け与えられた。彼は、信徒たちを宣教の職に備えるために、ある人を使徒、ある人を預言者、ある人を福音宣教者、ある人を牧者、教師とされた（エペ4:8-12）。指導者は、非のうちどころがなく、節制し、分別があり、礼儀正しく、客を親切にもてなし、よく教えることができなければならない。また、酒におぼれず、乱暴でなく、寛容で、争いを好まず、金銭に執着しない者でなければならない（1テモ3:2-3）。これらの指導者たちは、教えに適う信頼すべき言葉をしっかり守る人でなければならない。そうでないと、健全な教えに従って勧めたり、反対者の主張を論破したりすることもできないからである（テト1:8-9）。長老は、彼ら自身と群れ全体とに気を配らねばならない。聖霊は、神の教会の世話をさせるために、彼らをこの群れの監督者に任命なさった（使20:28）。彼らは、強制されてではなく、神に従って、自ら進んで世話をしなければならない。つまり、卑しい利得のためにではなく献身的にしなければならない。また、ゆだねられている人々に対して、権威を振り回してもいけない。むしろ、群れの模範にならなければならない（1ペテ5:2-3）。よく指導している長老たち、特に御言葉と教えのために労苦している長老たちは二倍の報酬を受けるにふさわしい、と考えるべきである（1テモ5:17）。我々兄弟は、我々の間で労苦している人々を重んじなければならない（1テサ5:12）。我々はそれぞれ、賜物を授かっているのであるから、その賜物を生かして互いに仕えなければならない。語る者は、神の言葉を語るにふさわしく語り、奉仕をする人は、神がお与えになった力に応じて奉仕しなければならない（1ペテ4:10-11）。キリストの十字架がむなしいものになってしまわぬように、言葉の知恵によらないで告げ知らせる（1コリ1:17）。知恵にあふれた言葉によらず、“霊”と力の証明によって。それは、我々が人の知恵によってではなく、神の力によって信じるようになるためであった（1コリ2:4-5）。しかし、我々は、信仰に成熟した人たちの間では知恵を語る。それはこの世の知恵ではなく、また、この世の滅びゆく支配者たちの知恵でもない。我々が語るのは、隠されていた、神秘としての神の知恵であり、神が我々に栄光を与えるために、世界の始まる前から定めておられた。そして、我々がこれについて語るのも、人の知恵に教えられた言葉によるのではなく、“霊”に教えられた言葉によっている（1コリ2:6-7,13）。というのは、実は、話すのは我々ではなく、我々の中で語ってくださる、父の霊だからある（マタ10:20）。

　宣教者が霊的なものを蒔いたのなら、彼らが、我々から肉のものを刈り取ることは、行き過ぎだろうか。主は、福音を宣べ伝える人たちには福音によって生活の資を得るようにと、指示された。というのは、モーセの律法に、「脱穀している牛に口籠をはめてはならない」と書いてあるからであり（1コリ9:11, 14, 9）、また、イエスが、「働く者が報酬を受けるのは当然である」と言われたからである（ルカ10:7）。その必要性があるのに、もし福音を告げ知らせないなら、それは彼らにとっての不幸

である。では、彼らの報酬とは何だろうか。それは、福音を告げ知らせるときにそれを無報酬で伝え（1 コリ 9:16-18）、他人の金銀や衣服をむさぼらないということである。使徒パウロは彼自身の手で、彼自身の生活のためにも、共にいた人々のためにも働いた。我々は、イエスの言葉を思い出す。『受けるよりは与える方が幸いである』（使 20:33-35）。

宣教者たちは、強欲で飽くことを知らない犬どもか、または、自分の利益を追い求める羊飼いに似ている（イザ 56:11）。彼らは、群れを養わず、自分自身を養っている（エゼ 34:8）。宣教者は、歯で何かをかんでいる間は　平和を告げるが　その口に何も与えない人には　戦争を宣言するような、神の民を迷わす預言者であってはならない。賄賂を取って裁判をし　代価を取って教え　金を取って託宣を告げるものたち（ミカ 3:5, 11）。そのような誤った宣教者たちを沈黙させねばならない。彼らは恥ずべき利益を得るために、教えてはならないことを教え、数々の家庭を覆しているからである（テト 1:11）。彼らは、正しい道から離れてさまよい歩き、不義のもうけを好む、ボソルの子バラムが歩んだ道をたどり、欲が深さから、うそ偽りで我々を食い物にする（2 ペテ 2:15, 3）。彼らは、精神が腐り、真理に背を向け、信心を利得の道と考える。真の宣教者は、もちろん、満ち足りた心をもった信心は、大きな利得の道であるということを知っており、食べる物と着る物があれば、それで満足する（1 テモ 6:5, 6, 8）。

第十七条　礼拝について

まことの礼拝をする者たちが、霊と真理をもって父を礼拝する時が来る。今がその時である。なぜなら、父はこのように礼拝する者を求めておられるからだ。神は霊である。それゆえ、神を礼拝する者は、霊と真理をもって礼拝しなければならない（ヨハ 4:23-24）。主は、主を呼ぶ人すべてに近くいまし　まことをもって呼ぶ人すべてに近くいます（詩 145:18）。主は逆らう者に遠くいますが　従う者の祈りを聞いてくださる（箴 15:29）。何事でも神の御心に適うことを我々が願うなら、神は聞き入れてくださる。これが神に対する我々の確信である（1 ヨハ 5:14）。では、我々はどうしたらよいのだろうか。霊で祈り、理性でも祈ることにしよう。霊で賛美し、理性でも賛美することにしよう（1 コリ 14:15）。"霊"は弱い我々を助けてくださる。我々はどう祈るべきかを知らないが、"霊自らが、言葉に表せないうめきをもって執り成してくださるからである。人の心を見抜く方は、"霊"の思いが何であるかを知っておられる。"霊"は、神の御心に従って、聖なる者たちのために執り成してくださるからである（ロマ 8:26-27）。

第十八条　洗礼について

主は一人、信仰は一つ、洗礼は一つである（エペ 4:5）。この洗礼は、今やイエス・キリストの復活

によって我々をも救うのである。洗礼は、肉の汚れを取り除くことではなくて、神に正しい良心を一致させることである（1 ペテ 3:21）［訳注：“but the answer of a good conscience toward God,”（1 Pet. 3:21 KJV）］。ヨハネは、我々に水で洗礼を授けているが、キリストは、聖霊と火で我々に洗礼をお授けになるからである（マタ 3:11）。キリスト・イエスに結ばれるために洗礼を受けた我々は皆、また、その死にあずかるために洗礼を受けた。我々は洗礼によってキリストと共に葬られ、その死にあずかるものとなった。それは、キリストが御父の栄光によって死者の中から復活させられたように、我々も新しい命に生きるためである（ロマ 6:3-4）。洗礼を受けてキリストに結ばれた我々は皆、キリストを着ているからである（ガラ 3:27）。

第十九条　儀式について

　主イエスは、引き渡される夜、パンを取り、感謝の祈りをささげてそれを裂き、「これは、あなたがたのためのわたしの体である。わたしの記念としてこのように行いなさい」と言われた。また、食事の後で、杯も同じようにして、「この杯は、わたしの血によって立てられる新しい契約である。飲む度に、わたしの記念としてこのように行いなさい」と言われた。それゆえ、あなたがたは、このパンを食べこの杯を飲むごとに、主が来られるときまで、主の死を告げ知らせる（1 コリ 11:23-26）。イエスは、父がすべてを御自分の手にゆだねられたこと、また、御自分が神のもとから来て、神のもとに帰ろうとしていることを悟り、食事の席から立ち上がって上着を脱ぎ、手ぬぐいを取って腰にまとわれた。それから、たらいに水をくんで弟子たちの足を洗い、腰にまとった手ぬぐいでふき始められた。イエスは、弟子たちの足を洗ってしまうと、上着を着て、再び席に着いて言われた。「わたしがあなたがたにしたことが分かるか。あなたがたは、わたしを『先生』とか『主』とか呼ぶ。そのように言うのは正しい。わたしはそうである。ところで、主であり、師であるわたしがあなたがたの足を洗ったのだから、あなたがたも互いに足を洗い合わなければならない。わたしがあなたがたにしたとおりに、あなたがたもするようにと、模範を示した（ヨハ 13:3-5, 12-15）。

　聖霊と我々は、次の必要な事柄以外、一切あなたがたに重荷を負わせないことに決めた。すなわち、偶像に献げられたものと、血と、絞め殺した動物の肉と、みだらな行いとを避けることである。あなた方は以上を慎めばよいのである（使 15:28-29）。あなたがたの中で病気の人は、教会の長老を招いて、主の名によってオリーブ油を塗り、祈ってもらいなさい（ヤコ 5:14）。

第二十条　儀式についてのキリスト者の自由について

　神の国は、飲み食いではなく、聖霊によって与えられる義と平和と喜びである（ロマ 14:17）。だから、あなたがたは食べ物や飲み物のこと、また、祭りや新月や安息日のことでだれにも批評されては

ならない。あなたがたは、キリストと共に死んで、世を支配する諸霊とは何の関係もないのなら、な
ぜ、まだ世に属しているかのように生きているのか。「手をつけるな。味わうな。触れるな」などとい
う戒律に縛られているのか。これらはみな、使えば無くなってしまうもの、人の規則や教えによるも
のである（コロ 2:16, 20-22）。しかし、我々は、今は神を知っている、いや、むしろ神から知られて
いるのに、なぜ、あの無力で頼りにならない支配する諸霊の下に逆戻りし、もう一度改めて奴隷とし
て仕えようとしているのか。いろいろな日、月、時節、年などを守っているのではないか。使徒パウ
ロなら、苦労が無駄になったのではなかったかと考えるだろう（ガラ 4:9-11）。ある日を他の日より
も尊ぶ人もいれば、すべての日を同じように考える人もいる。それは、各自が自分の心の確信に基づ
いて決めるべきことである。特定の日を重んじる人は主のために重んじる。また、食べない人も、主
のために食べない。そして、神に感謝している（ロマ 14:5-6）。

第二十一条　宣誓、暴力、迫害について

　また、あなたがたも聞いているとおり、昔の人は、『偽りの誓いを立てるな。主に対して誓ったこと
は、必ず果たせ』と命じられている。しかし、イエス・キリストは言われた。一切誓いを立ててはな
らない。天にかけて誓ってはならない。そこは神の玉座である。地にかけて誓ってはならない。そこ
は神の足台である。エルサレムにかけて誓ってはならない。そこは大王の都である。また、あなたの
頭にかけて誓ってはならない。髪の毛一本すら、あなたは白くも黒くもできないからである。あなた
がたは、『然り、然り』『否、否』と言いなさい。それ以上のことは、悪い者から出る（マタ 5:33-37）。
ヤコブは、誓いを立ててはならないと我々に命じられた。天や地を指して、あるいは、そのほかどん
な誓い方によってであろうと。裁きを受けないようにするために、我々は「然り」は「然り」とし、
「否」は「否」としなければならない（ヤコ 5:12）。我々は肉において歩んでいるが、肉に従って戦
うのではない。それは、我々の戦いの武器は肉のものではなく、神に由来する力であって要塞も破壊
するに足りるからである。我々は理屈を打ち破り、神の知識に逆らうあらゆる高慢を打ち倒し、あら
ゆる思惑をとりこにしてキリストに従わせる（2 コリ 10:3-5）。何が原因で、戦いや争いが起こるの
か。我々自身の内部で争い合う欲望が、その原因ではないのか（ヤコ 4:1）。それゆえ、イエスは我々
に命じておられる。悪人に手向かってはならない。だれかがあなたの右の頬を打つなら、左の頬をも
向けなさい（マタ 5:39）。キリスト者は、狼の群れの中の小羊のようなものである（ルカ 10:3）。それ
ゆえ、キリストの名のために、彼らはすべての人に憎まれるだろう（マタ 10:22）。キリスト・イエス
に結ばれて信心深く生きようとする我々は皆、迫害を受けなければならない（2 テモ 3:12）。義のため
に迫害される人々は、幸いである、天の国はその人たちのものである（マタ 5:10）。というのは、自
分の命を救いたいと思う者は、それを失うが、キリストのために命を失う者は、それを得るからであ

る（マタ16:25）。だれでも人々の前で自分をキリストの仲間であると言い表す者は、人の子も神の天使たちの前で、その人を自分の仲間であると言い表す（ルカ12:8）。我々は、体は殺しても、魂を殺すことのできない者どもを恐れるべきではない。むしろ、魂も体も地獄で滅ぼすことのできる方を恐れなければならない（マタ10:28）。

第二十二条　為政者について

　人は皆、上に立つ権威に従うべきである。神に由来しない権威はなく、今ある権威はすべて神によって立てられたものだからである。したがって、権威に逆らう者は、神の定めに背くことになり、背く者は自分の身に裁きを招くであろう。実際、支配者は、善を行う者にはそうではないが、悪を行う者には恐ろしい存在だからである。あなたは権威者を恐れないことを願っているのか。それなら、善を行いなさい。そうすれば、権威者からほめられるだろう。権威者は、我々に善を行わせるために、神に仕える者なのである。しかし、もし悪を行えば、恐れなければならない。権威者はいたずらに剣を帯びているのではなく、神に仕える者として、悪を行う者に怒りをもって報いるのであるから。ゆえに、怒りを逃れるためだけでなく、良心のためにも、これに従うべきである。我々が貢を納めているのもそのためである。権威者は神に仕える者であり、そのことに励んでいるからである。すべての人々に対して自分の義務を果たそう。貢を納めるべき人には貢を納め、税を納めるべき人には税を納め、恐るべき人は恐れ、敬うべき人は敬わねばならない（ロマ13:1-7）。主のために、すべて人間の立てた制度に従わねばならない。それが、統治者としての皇帝であろうと、あるいは、悪を行う者を処罰し、善を行う者をほめるために、皇帝が派遣した総督であろうと、服従しなければならない。善を行って、愚かな者たちの無知な発言を封じることが、神の御心だからである（1ペテ2:13-15）。しかし、人に従うよりも神に従うことは、神の目に正しいことである（使4:19）。たとえば、我々は、［ユダヤ人の聖職者から］キリストの名によって教えてはならないと、厳しく命じられているが、我々は、人間に従うよりも、神に従わなくてはならない［のは当然である］（使5:28-29）。

第二十三条　復活について

　正しい者も正しくない者もやがて復活する（使24:15）。善を行った者は復活して命を受け、悪を行った者は復活して裁きを受ける（ヨハ5:29）。肉と血は神の国を受け継ぐことはできず、朽ちるものが朽ちないものを受け継ぐことはできない（1コリ15:50）。あなたが蒔くものは、後でできる体ではなく、ただの種粒である。神は、御心のままに、それに体を与え、一つ一つの種にそれぞれ体をお与えになる。死者の復活もこれと同じである。蒔かれるときは朽ちるものでも、朽ちないものに復活し、蒔かれるときは卑しいものでも、輝かしいものに復活し、蒔かれるときには弱いものでも、力強いも

のに復活するのである。つまり、自然の命の体が蒔かれて、霊の体が復活する（1 コリ 15:37-38, 42-44）。

第十七章　すべてのキリスト者への嘆願と簡単な忠告

　ああ、私は［心の底から］、すべてのキリスト教の信仰者と論じ合いたいと思っている。そして、あなた自身の基準で、この『教理問答と信仰告白』に書かれた事柄について検討することを求めたい。聖書や神の御力に無知であることで、これ以上、盲目的となり、誤りを犯さないようにしてもらいたい。聖書が明らかに証し、あなたの経験と一致するであろう栄光の福音と光［イエス・キリスト］を素直に認め、告白することにしよう。雄大で真のカトリック［訳注：ここでは「普遍的な」という意味］の原理、つまり、その原理においては、神の愛はすべての人々に示されており、神の正義と慈悲は双子のように調和するものであるが、こうした原理を代表とする他の数々の教理についても検討してもらいたい。神の慈悲は、しばしば、〔それぞれの人の主の訪れの日において〕神の光との奮闘や争いを通して示されるものである。また、神の正義は、神の裁きを通して贖われる人々の悪しき性質や悪しき霊を打ち壊し、それを切り離すことにおいて、そしてまた、神の光に反抗し、恵みの霊を見くだし、回心を嫌悪する人々を完全に転倒させることにおいて示される。ところで、こうした根本的な教えはこの小論ではっきりと示されているのみならず、その教えに基礎づけられた他のすべての事柄も同様に示されている。たとえば、聖徒の真実で内なる義認。この義認は、聖徒が神の恵みの働きと優れた力によって成長するとき、明らかにされるキリストの力と生命を通して実現されるものである。しかし、その状態に安堵して、気が緩み、注意深さを失ってはならない。〔キリストに関するすべての教えが、あらゆる異端的信仰や過ちや偽善を超えて、真理の徳性と確かさを十分に保証する、いわゆるゴールデン・チェーンのように相互につながりあっており〕、善き状態を真に経験した後でさえ、信仰から離れ、信仰と良心が暗礁に乗り上げる可能性があるからである。というのは、真理は、すべてがそろって全体となるのであり、どんなに遠く離れていようとも、ひとりでに共鳴し、〔良く調律された楽器の弦のように〕、驚くべき一致を見せ、注目すべき調和を見せるからである。一方で、すべての他の宗派の信仰者の教えは、ある点で、真理に近づき、真理を多様に示すものであるとしても、多くの事柄において、彼らは真理から迷いでている。その結果、彼らの教えはそれぞれが大きく矛盾を抱えることになる。［たとえば］、彼らは、自分たちの教えのために聖書を持ち出すが、それをおかしな形でばらばらにし、他の聖書箇所を支持するために、別の箇所をそれで否定する始末である。私がすべての種類の信仰者に訴えたいこと、アドバイスしたいことは、聖書（すべてではないとしても、大部分の人々が同意する真理について一般的な考えが記載されている）を用いて一つや二つの事柄を証明するのではなく、〔彼らの誰もそうできないような〕相互に調和している私たちの教えの全体を知ることである。というのは、他の多くの信仰者の教理問答や信仰告白については、そこに真理（また一度啓示された真理は除いて）を見いだせず、彼らの本質的な教えの点で、［我々のものと］大いに異

なり、聖書の明白な言葉と論調とに酷く矛盾するところがあるからである。この時代においても、確信をもった人々が存在することを、私は告白する。これらの人々は、ある集団に属したり、集団を指導したりすることなく、あらゆる人々に満遍なく愛を示すそぶりを見せ、他の人に何らかの種類の欠点を見つけたとしても、彼ら自身の信念について語ることはめったにない。しかし、彼らの大部分は、基本的には全く何でもない人々である。言うなれば、これらの人々は一般的な真理のいくらかを知り、他のいくつかの事柄について聖書の言葉を知っているかもしれないが、しかし、時にはそれらの言葉でもって他の人々を大いに批判する。彼らは、自身では善い事柄を実践しないにもかかわらず、他の人々に欠けていること、他の人々が怠っていることを理由に非難するのである。こうした人々の在り方は、(たとえ重要であったとしても)、この問題、つまり、真理を知るに十分ではないにもかかわらず、すべての［人々の］過ちを否定し、非難すると同時に、知る必要のある真理にところどころ欠けているという問題に十分な解決を与えない。こうした類の人々の大部分は、信じる必要のある多くの事柄における信仰については十分に語ることができないし、真理と認められるべき事柄が何であろうとも、ひどく間違った行いをし、〔これまで示されてきたような〕最も心に留め、一致させる必要のある真理とは矛盾した行動をとるのである。というのは、これらの人々は、神の事柄について何かしらを見いだしたとしても、そのために立ち上がらず、真理を知っているふりをするだけで、裁判にかけられた際には、真理のために苦難を負いたくないという理由で、裁判では自分の意見を隠し、語らないからである。彼らは、こういうふうに真理を知るふりをしながら、また、何らかの集団に属さないことから、特定のキリスト者の集団に加えられるであろう困難や迫害をうまく避けるのである。［それにもかかわらず］、彼らの持つよくある慈愛とすべての人への愛を示すことによって、［有徳なキリスト者に与えられる］一から十までの特権と利益と享受しようとする。そうした人々は、聖書の言葉から自分たちの教えや実践を誠実に正当化することはできないだろう。宗教におけるこれらの変わった人々については置いておいて、いろいろな宗派の在り方についてもう一度言及しよう。

　まず宗派といっても非常に数多く、この件に関して教皇主義者については言及する必要はないだろうと考える。というのは、教皇主義者は、聖書によって彼らのすべての教理を証明しようするそぶりもしないからである。というのは、伝統は、聖書の権威がなくとも教理を正当化するというのが、彼らの主要な教えの一つだからである。たとえば、コンスタンツの公会議では、聖書にもかかわらず (*Non obstante Scripura*)、つまり、聖書では反対のことが書かれているにもかかわらず、ある事柄を信じるように大胆にも命じたのである。［彼らにとって］聖書によって自分たちの教えを証明しようとすることは確かに馬鹿げたことかもしれないが、聖人や聖画に対する崇敬、煉獄、死者のための祈り、ローマの司教の優位性、免罪符の問題、その他にもたくさんの事柄があるが、これらについて聖書は何一つも語っていない。

私が知る限り、プロテスタントの中で、ソッツィーニ派は聖書に従っているそぶりを大いに見せる宗派である。彼らは、他の人々と同様に、聖書を言葉の上では大いに称賛するが、多くの点で聖書に一致していないのみならず、〔たとえば、「言は神である」（ヨハネによる福音書第一章）と明らかに聖書で主張されていることであるが、キリストの神性を否定していることなど〕、彼らの主要な教えのいくつかでは聖書とは全く反対のことを主張している。彼らが、世の初めからキリストが存在するのを否定することも、ヨハネによる福音書第一章の基調に反することである。他にもたくさんある。この小論の第三章で詳細に示されているが、キリストの受肉に関しても、他に多くのことを言うことができるだろう。しかし、〔ここでは〕この問題に関する彼らの傲慢さをやめさせるだけで十分であろう。

　アルミニウス主義者は、〔カルヴァン派の〕絶対的な滅びの教理を否定すること、また、すべての者に対するキリストの死の効果の範囲を主張する点で、あまり成功していない宗派である。彼らは、キリストを通して照らされる霊的な光によって救われることをあまり語らないが、神の光を自然的な光〔理性〕や〔人間の〕能力に対して間違って帰している。神の光は、神の恵みと力にのみ帰されるものであり、その光によって働きは始められ、継続され、そして、完遂されるのである。アルミニウス主義者は、ソッツィーニ派やペラギウス派と同様に、カルヴァン派の誤りを批判することには長けているが、代替案を示せず、カルヴァン派の教えに代わる「真理」を提示できないでいる。その点で、彼らの論敵〔訳注：カルヴァン派（彼らは、その点以外ではアルミニウス主義者よりも大いに誤っているが）〕は、生まれながら人間の意志は堕落していることや人間は善を何もなすことができないこと、しかし、神の恵みに支えられて救いに至ることができることを主張することによって、アルミニウス主義者を〔完全に〕論駁することに成功している。

　他方で、多くのプロテスタントが、聖書の明白な言葉に反して（この『教理問答と信仰告白』の最初の章で、聖書こそが唯一の基準であると主張しているが）、キリストの死の贖いの普遍的な効力について否定していることはおかしなことである。聖書の信仰によれば（聖書記者が、語られたこととは別の言葉を書き記したと想定する場合は別として）、キリストはすべての人のために死なれ、〔聖書が多くの積極的な言葉で主張している〕神の恵みの普遍性と十全性の教えが救済を可能にするという。つまり、聖霊の働きの現れは、全体の益となるためにすべての人々に示されており、救いをもたらす神の恵みは、すべての人々に明らかとなっているのである〔その他にも多くのことがあるが〕。同様のことが、多くのプロテスタントが「完全 (perfection)」〔訳注：キリスト者は、この世においても善なる者になることができるし、そうあるべきであるという教え〕を否定することに関しても言えるだろう。彼らは、聖書の数多くの明白な言葉に反して、〔これまで彼らの教えにおいて示されたように〕真の救いをもたらす神の恵みの始まりから堕落することはあり得ないと主張している。しかし、すべて

の人々に騙されない機会を与えるために、また、悪魔が聖書の言葉を用いて、誤った有害な教えを身に着けさせる際に多くの賢明に見える上辺だけの言葉を用いるかを観察するために、『教理問答と信仰告白』の範囲を超えて、（いわゆる）ウェストミンスターの神学者によって語られた多くの例の内、いくつかを取り上げたいと思う。というのは、彼らの見解が最も広く受け入れられ、ブリテンとアイルランドの人々によって信じられているからのみならず、この問題に、フランスやオランダや他の場所の教会の大部分の信仰が集約されるからである。御言葉のそのままの意味に反して、また、すべての常識や理性の働きに反して、ウェストミンスターの神学者たちが語る粗雑な結論が、彼らの間違った教えの幾つかを含んでいる。

第十八章　『ウェストミンスター信仰告白』のいくつかの項目の聖書的証明に関する簡単な考察

　この章で、彼ら［カルヴァン派］の信仰箇条の一つ一つを幅広く検討することや、たった二、三の例を取り上げて、『ウェストミンスター信仰告白』の論調を読者に示すことは〔それによって、信仰告白の全体を見て、検討する手間をかけるならば、「爪からライオンを知る」(*ex ungue leonem*：「一を聞いて十を知る」) ということわざにある通り、信仰告白の残りすべてを判断できることもあるかもしれないが〕、少なくとも私の意図するところではない。

　まず、第一章の第一節から始めよう。その箇所で、彼らは二つの事柄について語っている。一つ目は、神は自らの意思を完全に［すべてを］聖書に託した。第二に、直接の啓示のような、神の意志を明らかにする以前の方法は、今は終わりとなった。彼らがこれら二点を証明するために用いる聖書箇所は、箴言第二十二章の第十九、二十、二十一節である。第十九節には、「あなたが主に信頼する者となるように　今日、あなたに教えを与えよう」(箴22:19)。第二十節には、「わたしの意見と知識に従って三十句　あなたのために書きつけようではないか」(箴22:20)。そして、第二十一節には、「真理とまことの言葉をあなたに知らせるために　まことの言葉をあなたの使者に持ち帰らせよう」(箴22:21)。また、彼らはルカによる福音書の第一章第三、四節を用いる。そこには、「そこで、敬愛するテオフィロさま、わたしもすべての事を初めから詳しく調べていますので、順序正しく書いてあなたに献呈するのがよいと思いました。お受けになった教えが確実なものであることを、よく分かっていただきたいのであります」(ルカ 1:3-4)。また、ローマの信徒への手紙第十五章第四節も用いる。「かつて書かれた事柄は、すべてわたしたちを教え導くためのものです。それでわたしたちは、聖書から忍耐と慰めを学んで希望を持ち続けることができるのです」(ロマ 15:4)。マタイによる福音書第四章第四、七、十節。第四節には、「イエスはお答えになった。『『人はパンだけで生きるものではない。神の口から出る一つ一つの言葉で生きる』　と書いてある。」(マタ 4:4)。第七節、「イエスは、『『あなたの神である主を試してはならない』とも書いてある」と言われた」(マタ 4:7)。第十節、「すると、イエスは言われた。『退け、サタン。『あなたの神である主を拝み、　ただ主に仕えよ』　と書いてある。』」(マタ 4:10)。最後に、イザヤ書第八章第十九、二十節。第十九節、「人々は必ずあなたたちに言う。『ささやきつぶやく口寄せや、霊媒に伺いを立てよ。民は、命ある者のために、死者によって、自分の神に伺いを立てるべきではないか』と」(イザ 8:19)。第二十節、「そして、教えと証しの書についてはなおのこと、「このような言葉にまじないの力はない」と言うであろう」(イザ 8:20)。

　これらの聖書の言葉がカルヴァン派の主張点を少なくとも証明していると考えるほど取り乱し、もしくは単に信じるべき事柄に基づいてものを考えず、これらの聖書箇所による証明を信じるほど愚かな人がいることは、褒めるべき問題ではない。というのは、神はソロモンに対して素晴らしき事柄を

示したけれども、また、ルカはキリストのこの世の外的な生の様々な記録ついてテオフィロに対して書き示したけれども（ヨハネによる福音書第二十一章の最終節や、第二十章第三十節にあるように、実際には、あまり多くのことは書かれていないのである。「イエスのなさったことは、このほかにも、まだたくさんある。わたしは思う。その一つ一つを書くならば、世界もその書かれた書物を収めきれないであろう」（ヨハ21:25）。「このほかにも、イエスは弟子たちの前で、多くのしるしをなさったが、それはこの書物に書かれていない」（ヨハ20:30））、さらにキリストは悪魔に対して様々な聖書の言葉を用いたし、イザヤは聖書の律法とその証に向かうように命じたけれども、一体誰が、これらの聖書箇所から、神が自らの意思を聖書にすべて託したと当然のこととして論じるほど頭のおかしい人間はいるだろうか。このような結論は、これらの聖書箇所から導きだすことはできない。それは、私がウェストミンスターの神学者たちが根拠なく多くのことを論じ、彼らの議論には一切何の根拠もないと主張するよりもひどい推論である。それどころではない。彼らによって引用されたこれらすべての聖書箇所を見ても分かるように、彼ら自身の判断によっても、聖書の言葉は多様であると認められている。したがって、神が自らの想いをすべて聖書に託したと考えることは正しいことではなかったし、間違ったことであった。それゆえ、これらの言葉からこのような変わった曲解した結論を導きだすことは非常に不合理であり、根拠のないものである。

　第二に、テモテへの手紙二第三章第十五節を用いて、直接的な啓示という以前の在り方はすでに終わりになったという点である。この聖書箇所で、使徒パウロは、テモテに対して次のように語る。「また、自分［テモテ］が幼い日から聖書に親しんできたことをも知っているからです。この書物は、キリスト・イエスへの信仰を通して救いに導く知恵を、あなたに与えることができます」（2テモ3:15）。ヘブライ人への手紙第一章第一、二節も用いる。「神は、かつて預言者たちによって、多くのかたちで、また多くのしかたで先祖に語られたが、この終わりの時代には、御子によってわたしたちに語られました。神は、この御子を万物の相続者と定め、また、御子によって世界を創造されました」（ヘブ1:1-2）。さらに、ペトロへの手紙二第一章第十九節。「こうして、わたしたちには、預言の言葉はいっそう確かなものとなっています。夜が明け、明けの明星があなたがたの心の中に昇るときまで、暗い所に輝くともし火として、どうかこの預言の言葉に留意していてください」（2ペテ1:19）。

　これらの言葉は、上の第一の点と同程度のことしか明らかにしていない。もしパウロがテモテに対して聖書が最終啓示ということを伝える意図があったとすれば〔ウェストミンスターの神学者はそう思っていたが〕、彼ら神学者は、使徒パウロをして明らかな誤りを主張させたことにならないだろうか。彼らも認めるように、黙示録が書かれたのは、かなり後［紀元後二世紀頃］になってからであったのだから、以前の啓示は終わりになっていたわけではない。ペトロの言葉に関して言えば、ウェストミンスターの神学者の主張は単なる論点のはぐらかしにすぎない。すなわち、啓示が終わりとなっ

たと聖書によって示されていることについては、聖書は何も明らかにしていない。ヘブライ人への手紙の言葉について言えば、彼らの主張を支持するどころではなく、むしろ、正反対の事柄を十分に示すものであろう。というのは、神は御子を通して私たちに語り掛けるのは明らかであるが、そこから御子が聖書を通してのみ語り掛けると推察することは少しも明らかにされていないことだからである。使徒はそれが誤りであると主張してきた。黙示録に関して言えば、使徒ヨハネや他の人々が受けた啓示は内的なものであり、その点で、啓示は終わったものではなかった。もし我々が、ウェストミンスターの神学者よりも使徒ヨハネを信じるならば、ヨハネは、キリストが彼に啓示されたとき、すぐに彼はキリストに向かい、彼に従ったと語っている。彼はまた次のように語る。キリストが我々の内に存在しない限り、我々は堕落した者であると。キリストは、我々の内にあり、我々において歩み、世界の終わりまで我々と共にあられると、使徒が語ったことを鑑みれば、キリストは我々の内で何も語られない方ではないのは明らかである。さらにヨハネが語るところによれば、内なる塗油は我々にすべての事柄を教え給うという。したがって、我々は、その絶対的必要性において、誰からも教えてもらう必要はないのである〔訳注：クエーカー信仰では、神が内なる光を通してすべてを教え給うとされる〕。神がキリストを通して我々に語り給い、キリストが我々の内にある限り、どうして啓示が終わったなどと言えるのだろうか。こうした点で、ウェストミンスターの神学者たちは、彼らの信仰告白の第一章第六節に正反対の姿勢が見えるにもかかわらず、聖書の基準に従っておらず、むしろ聖書をばらばらにし、自分たちの思い通りのものに変えることに精を尽くしているのである。第六節には、「神自身の栄光、人の救い、信仰、生活にとって必要な一切の事柄に關する神の全き勧告は、明白に聖書の中に規定されているか、さもなければ、正しい、必然的な歸結によつて聖書から推定される」（基督教古典双書刊行委員会編『信条集　後篇』、新教出版社、184頁）と語られている。前に述べた二つの主張〔訳注：（1）神は自らの意思を完全にすべてを聖書に託したということ、（2）直接的な啓示という以前の在り方はすでに終わりになったということ〕は聖書に書かれていないことが明白になった今となっては〔彼らはその点は否定しないだろう〕、彼らが健全な結論によって導かれているかどうかについて、理性を持つすべての人々に、以上のことを含めて、考えてもらいたいものである。

　彼らの信仰告白の同じ章には、検証に耐えることができない他の主張も存在する。その点について、彼らは聖書によって証明されていると主張するが、それは馬鹿馬鹿しいものである。議論を簡潔にするために、そのことについては省略しよう。

　ウェストミンスター信仰告白の第二十一章第七節で、彼らはキリスト教の安息日について、「その日は世の初めからキリストの復活に至るまで週の最後の日であつたが、キリストの復活からは、聖書の中に主の日と呼ばれ、キリスト教的安息日として世の終りまで繼續すべき終の最初の日に變更された」（『信条集　後篇』、202頁）と語っている。この言葉には、三つの主張点がある。

最初の主張点は、週の最初の日は、安息のために七番目の日として制定された。この点を証明するために、彼らは、コリントの信徒への手紙一第十六章第一、二節の言葉を用いる。「聖なる者たちのための募金については、わたしがガラテヤの諸教会に指示したように、あなたがたも実行しなさい。わたしがそちらに着いてから初めて募金が行われることのないように、週の初めの日にはいつも、各自収入に応じて、幾らかずつでも手もとに取って置きなさい」（1 コリ 16:1-2）。また、使徒言行録第二十章第七節の言葉、「週の初めの日、わたしたちがパンを裂くために集まっていると、パウロは翌日出発する予定で人々に話をしたが、その話は夜中まで続いた」（使徒 20:7）。

　これらの聖書箇所は、彼らの主張点について何も語っていない。この点については、議論する必要すらないだろう。いわば、［安息日の理由として］使徒パウロがコリント教会の信徒たちにその日に備えて何かを蓄えておくことを求めたからとか、もしくは使徒パウロがパンを裂き、真夜中まで話を続けたからという理由は、健全で信頼に値するというよりも、その馬鹿馬鹿しさの点から注目すべき結論である。週の初めの日を守るべき日とするように、信仰箇条を重要なものとすることは、もっと積極的で明白な威光のある理由が必要である。上記の聖書箇所がはっきりと述べていることは、信徒が頻繁に集まる理由は何かということであり、次の日に旅立つことになっていたことから、使徒パウロが長く説教をしたということである。

　［ウェストミンスターの神学者の］第二の主張点は、週の初めの日は、「主の日」と呼ばれるということである。その理由は、ヨハネの黙示録第一章第十節の「ある主の日のこと、わたしは“霊”に満たされていたが、後ろの方でラッパのように響く大声を聞いた」（黙 1:10）という言葉である。［見ての通り］、ここでは週の内、何らかの特定の日が言及されているわけではない。したがって、彼らが言うように、ヨハネが週の最初の日を指定したというのは、単なる彼らの主張にすぎず、何の根拠もないものである。

　三つ目の主張点としては、キリスト教の安息日は、世の終わりまで継続されるべきというものである。彼らはその根拠として、出エジプト記第二十章第八、十、十一節を挙げる。「安息日を心に留め、これを聖別せよ。…七日目は、あなたの神、主の安息日であるから、いかなる仕事もしてはならない。あなたも、息子も、娘も、男女の奴隷も、家畜も、あなたの町の門の中に寄留する人々も同様である。六日の間に主は天と地と海とそこにあるすべてのものを造り、七日目に休まれたから、主は安息日を祝福して聖別されたのである」（出 20:8, 10-11）。また、イザヤ書第五十六章第二、四、六、七節と、マタイによる福音書第五章第十七から十八節である。マタイによる福音書には、「わたしが来たのは律法や預言者を廃止するためだ、と思ってはならない。廃止するためではなく、完成するためである。はっきり言っておく。すべてのことが実現し、天地が消えうせるまで、律法の文字から一点一画も消え去ることはない」（マタ 5:17-18）とある。

もし彼らが何かしらを明らかにしているとすれば、第七の日をと続けるべきということである。すべての律法において、週の最初の日が安息日であると語っている箇所は存在しない。もし週の初めの日が安息日であるとの議論が最良で健全な結論であるとみなすならば、たとえそれが聖書の権威によってとり繕われていようとも、これほどの馬鹿げたこと、酷い異端的信仰、愚かな迷信を、他には知らない。

　『ウェストミンスター信仰告白』の第二十七章第一から三節において、彼らは大まかにサクラメントの定義と性質について述べている。しかし、彼らが援用するすべての聖書箇所は、サクラメントについて何の一言も語っていない。サクラメントについての記述が存在しないのにはちゃんとした理由があるのである。ウェストミンスターの神学者は、[信仰告白において]提示された事柄は、聖書の中に見いだされると主張しているが、それは言い訳になっていない（それはまた論点のはぐらかしである）。彼らはまた別のところで断言しているが、神のすべての御言葉は、聖書の中にあるという。そう主張することで、新約聖書の基調を捨て去り、それを否定し、ローマ・カトリックの伝統から抜け出している。その点が、彼らにとっては本質的な信仰の一部であるという。

　同じ章の第四節では、二つの事柄が言及されている。第一は、福音のもとでは二つのサクラメントがあるということ。第二は、その二つのサクラメントとは、洗礼と聖餐であるということである。

　彼らは、自らの主張点を証明するために、マタイによる福音書第二十八章第十九節を挙げる。「だから、あなたがたは行って、すべての民をわたしの弟子にしなさい。彼らに父と子と聖霊の名によって洗礼を授け、あなたがたに命じておいたことをすべて守るように教えなさい」（マタ 28:19）。また、コリントの信徒への手紙一第十一章第二十、二十三節。「それでは、一緒に集まっても、主の晩餐を食べることにならないのです。…わたしがあなたがたに伝えたことは、わたし自身、主から受けたものです。すなわち、主イエスは、引き渡される夜、パンを取」る（1 コリ 11:20,23）。コリントの信徒への手紙一第四章第一節。「こういうわけですから、人はわたしたちをキリストに仕える者、神の秘められた計画をゆだねられた管理者と考えるべきです」（1 コリ 4:1）。さらに、ヘブライ人への手紙第五章第四節。「また、この光栄ある任務を、だれも自分で得るのではなく、アロンもそうであったように、神から召されて受けるのです」（ヘブ 5:4）

　さて、サクラメントのようなものが存在することを認めるとしても、これらの聖書箇所が示しているのは、二つの儀式が実行されるべきと命じられたということである。しかし、たった二つのサクラメントしか存在しない（彼らには、それらが聖書で主張される事柄であると証明する義務がある）。実際には、それらを明らかにする気配さえも存在しないのである。というのは、『ウェストミンスター大教理問答』におけるサクラメントの定義によれば、「礼典の要素は、二つあります。一つは、キリスト御自身の指定に従って用いられる外的で感覚的なしるしです。もう一つは、それが示している内的で

霊的な恵みです」(宮崎彌男訳『ウェストミンスター大教理問答』、教文館、77頁)。お互いの足を洗うこと、病気の人を油で清めることは、この信仰告白の定義に一致するものであるし、その他にも多くの事柄がこの定義に一致する。したがって、サクラメント自体の定義に当てはまるものが、二つどころか、七つ、否、七十はあることを証明することは、〔その名称や数は聖書には記載されていないが〕、全く容易なことである。それゆえ、〔二つの〕サクラメントは、人間の単なる思いつきや作り事である。しかしながら、ウェストミンスターの神学者が聖書を自分たちの基準としてどれほど信頼しているかを鑑みれば、驚くべきことである。彼らは、あまり聖書的ではない根拠を用いて、彼らの教理のかなりの部分を作り上げているのである。

このように、私は三つの事柄、つまり、聖書、安息日、そして、サクラメントを議論の対象として選ぶことが適切であると考えた。というのは、これら三つの主要な事柄が、クエーカーが主として声をあげているもの、間違って信じていると〔論敵から〕告発されているものだからである。これら三つの事柄について我々が何を信じているか、そしてまた、我々の証がどのように聖書に一致しているかがこれまでのところで十分に示されたと思う。また、聖書的根拠の薄いこれらの事柄が、我々の立場とは全く異なることは、〔聖書にはこれらの事柄に関する言葉はたくさん存在するが〕、何の偏見も持たない読者には十分に明らかであろう。

読者への告示

気を付けてほしいことは、私がこの小論全体で用いた聖書は、〔当時の〕最新の英語の一般的な聖書である。もしヘブライ語やギリシア語の聖書を用いれば、もっと多くのことを明らかにできたであろう。というのは、英語の聖書には、間違いや曲解された部分があるからである。しかし、むしろ私は英語の聖書を用いることを選択した。というのは、我々の論敵に、私が聖書を悪用していないことを理解してもらうためであり、読み書きのできるすべての人が彼らの持つ英語の聖書で〔この小論内で〕引用された箇所を知ることができるようにである。

ロバート・バークレー

訳者あとがき

　本書は、17世紀のクエーカーの神学者ロバート・バークレー（Robert Barclay, 1648-90年）による *A Catechism and Confession of Faith*（1673年）の日本語訳『教理問答と信仰告白』である。クエーカーは、自分たちの信仰を体系化することに基本的に反対の姿勢を示すが、ラディカルなクエーカー（たとえば、自らをキリストに模したジェームズ・ネイラー（James Nayler or Naylor, 1618-60年））の存在などの理由により、運動の存続が危ぶまれたため、王政復古以降、クエーカーの指導者の一人であるジョージ・フォックス（George Fox, 1624-91年）がクエーカー信仰を穏健化し、それを一つの信仰としてまとめ上げ、全国に集会組織を作り上げた。その理論的なサポートをしたのが、本書の著者バークレーである。内なる光［聖霊の働き］を重視するクエーカー信仰は、初期の時代から聖書的ではないとの批判を受けることが多かった。ところが、実際には、クエーカーは、聖書の言葉を用いて、自分たちの信仰を表わし、カトリックやカルヴァン派やその他の宗派の聖職者と討論をしたり、パンフレットや小論を書いたりしており、聖書的世界観の中に生きていたのは言うまでもない（なお、20世紀以来の自由主義クエーカーはその限りではない。詳細は、拙訳『クエーカー入門』、新教出版社、2018年を参照）。この『教理問答と信仰告白』もそうした小論の一つである。対外的には、迫害の激しい時代、聖書的信仰ではないという批判に対して、聖書の言葉だけを用いてクエーカーの信仰を表わし、対内的には子どもや若者など向けのクエーカー信仰の入門書となっている。『教理問答』は言いっぱなしなところがあり、多少分かりづらいが、『信仰告白』は分かりやすいのではないかと思う。伝統的にドグマ化（信仰の教理化）を嫌うクエーカーは、現在、こうした教理問答や信仰告白は用いず、代わりに、*Book of Discipline* や *Faith and Practice*（国や集会によってタイトルは異なる）と呼ばれる、初期クエーカーからの文言、短い忠告や信仰の表明、自らを振り返るための質問をまとめたアンソロジーを用いている。その意味で、この『教理問答と信仰告白』は過去の遺物のような存在であるが、*Faith and Practice* のような指南書を持たず、また、初期クエーカーの在り方に疎い日本のクエーカー、もしくは初期クエーカー（正確には、穏健化した王政復古期クエーカー）に興味を示すであろう日本の読者に有用であると考え、訳出した（なお、英語の現代語訳版で、Dean Freiday と Arthur O. Roberts によって *A Catechism and Confession of Faith*（2001年）が出版されているが、ところどころ正確な訳文ではないため、お勧めしない）。

　本書は、のちに書かれることになる『真のキリスト教神学のための弁証』（1678年）のテーマをある程度網羅しており、かつ聖書の言葉で分かりやすく書かれている。バークレーは、特に論敵との論争の対象とならなかった部分については書くことはなかったため、本書はクエーカー信仰のすべてを示したものではないが、当時クエーカーと他宗派との間で問題となっていた信仰事項について知るにはよい手だてであると思う。しかし、同時に、本書だけで、クエーカー信仰を十分に把握できるかと

言えば、心もとないところがある。したがって、簡単なクエーカー信仰の枠組みについて説明すれば、拙訳『真のキリスト教神学のための弁証』でも書いたが、(1) すべての人は、自ら救いを獲得するためには何もなしえず、それほど全的に堕落している、(2) しかし、すべての人々には、キリストによる十字架上の死による贖いにより、信仰の第一の基盤たる内なる光 (聖霊の働き) が与えられる、(3) 自分の声にかき消されて神の声を聞きとれないことがないように、自己を否定し、無となる時、(それぞれの「主の訪れの日」において) 内なる光の働きかけがある、(4) 内なる光の最初の働きは、罪を明らかにすることであり、(5) もしその光の働きに反抗しないならば、救いに与ることができる (普遍救済論：ただし、反抗しないことも神の恵みによる働きであり、救いも恵みであるゆえ、自己の意志の働きによるものではない)、(6) 救いに至った者は、キリストに倣って (無条件の愛、敵対者への愛)、聖なる生活を送らなければならない (完全 perfection、聖性 holiness の追求)、具体的には、この世において平和を作りだす神の民として生きることが求められる、というものである。6 つほどクエーカー信仰の特徴を挙げたが、特に「内なる光 (キリストの霊の働き) による救い」と、奴隷解放運動、監獄改善運動、精神科病院改善運動といった様々な社会活動に結実することになった「聖性の追求」の二つが、クエーカー信仰の中核である。厳密に読めば、この『教理問答と信仰告白』には、残念ながら、上述のすべてのポイントが網羅されているわけではないが (例えば、クエーカーに独特な救済論についてはあまり詳しく説明されていない)、この書をあくまで副読本的なものとして、バークレーの本格的な神学書である『真のキリスト教神学のための弁証』と併せて読むのが初期クエーカー信仰 (正確には王政復古期のクエーカー信仰) を正確に理解するための一つの手であろう。

　ところどころ、原文自体が複雑な文章であることもあり、誤訳や分かりにくい表現になっている箇所が多々あることと思う。もちろんその責はすべて私にあるので、皆さんからの厳しいご批判、ご指摘を仰ぎたい。最後に、ラテン語についてご教示いただいた同志社大学神学部名誉教授石川立先生、文章を細かくチェックしてくれた我妻、出版まで丁寧にサポートしていただいた三恵社の林氏には心から感謝を述べたい。

訳者：中野泰治（なかの・やすはる）

1973年生まれ。同志社大学大学院神学研究科博士前期課程修了。英国バーミンガム大学にてPhDを取得。現在、同志社大学神学部准教授。専門は、英米のキリスト教の歴史、およびクエーカーの歴史・思想の研究。主な業績は、［訳書］Pink Dandelion著『クエーカー入門』、新教出版社（2018年）、［訳書］Robert Barclay著『真のキリスト教神学のための弁証』、三恵社（2024年）、［訳書］Robert Barclay著『ランターズと自由主義思想家の無政府状態』、三恵社（2024年）、論文「クエーカー研究における新ヘーゲル主義的前提について―self概念を巡るBarclay神学の評価―」、『ピューリタニズム研究』、第6号、2012年など。

教理問答と信仰告白

2024年4月15日　　初版発行

ロバート・バークレー 著

中野　泰治 訳

発行所　　株式会社　三恵社
〒462-0056 愛知県名古屋市北区中丸町2-24-1
TEL 052 (915) 5211
FAX 052 (915) 5019
URL http://www.sankeisha.com